AMÉDÉE DELORME

Deflandre

ET

Sonis

— 1870 —

PARIS
LIBRAIRIE MILITAIRE ED. DUBOIS
18, Rue des Grands-Augustins, 18

1893

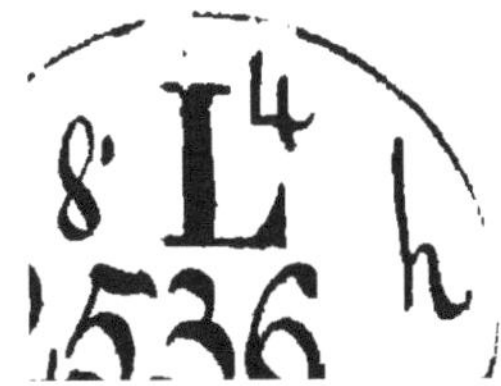

DEFLANDRE & SONIS

DU MÊME AUTEUR :

JOURNAL D'UN SOUS-OFFICIER, 1870.
(Ouvrage couronné par l'Académie Française).

MAUROY, roman de mœurs.

NOUVELLES MILITAIRES.

Prochainement :

LES FILLES DE MADAME ÉVELIN, roman.

AMÉDÉE DELORME

Deflandre

ET

Sonis

— 1870 —

PARIS
LIBRAIRIE MILITAIRE ED. DUBOIS
18, Rue des Grands-Augustins, 18

1893

AVANT-PROPOS

La guerre de 1870 a déjà une légende, — la légende de Loigny. Or, il ne faut pas toucher aux légendes, m'a-t-on dit à plusieurs reprises, surtout quand elles ont un côté noble et glorieux. Malheureusement, la légende de Loigny a un autre côté, un revers, qu'un petit groupe, trop enclin à pratiquer égoïstement la camaraderie, s'est plu à assombrir outre mesure, jusqu'à l'erreur, jusqu'à l'injustice. A tel point, que j'ai été vilipendé pour avoir osé faire imprimer que le général de Sonis, à Loigny, s'est élancé sur les Prussiens, avec une poignée d'hommes, sous l'impulsion d'un sentiment de haute bravoure personnelle, plutôt que par tactique réfléchie.

Aux yeux de ceux qui se sont institués ses panégyristes, cette explication, loin de suffire, paraît injurieuse. A les en croire, le général de Sonis a été brave, le 2 décembre 1870, pour racheter la lâcheté de plusieurs milliers de Français. D'autres, tels que Douai, Raoult, Margueritte, Legrand, Guilhem, Deflandre, de Bouillé, Sumpt, — j'en oublie, — ont été tués ou mutilés parce qu'ils étaient soldats et, comme tels, exposés aux coups de l'ennemi. Sonis, lui, a été blessé parce qu'il a dû se sacrifier, en expiation de la faute ignominieuse de ses troupes régulières. A ce général et aux trois cents zouaves pontificaux qui le suivirent, il faut, pour les grandir encore, un piédestal fait de l'honneur flétri d'un corps d'armée français.

Point de vue étroit, borné, faux et funeste. La France est intéressée à savoir que les troupes improvisées après Sedan avaient assez de bonne volonté et assez de courage pour vaincre, si leur instruction militaire avait été plus développée. Aujourd'hui que matériellement rien ne nous manque et que de nombreux états majors sont rompus au maniement de grandes masses, il est bon de se convaincre que ces masses sauraient marcher et tomber à leur rang de bataille, puisque, déjà, elles sont composées des fils de ceux qui furent, en 1870, des soldats malheureux, mais non des misérables. Il ne faut donc pas que ces fils puissent douter à tort de leurs pères, et les pères pourront espérer en leurs fils avec raison.

La justice pour le passé, la confiance

pour l'avenir, voilà ce qui, en dépit de quelques mécontentements et de quelques colères, me paraît justifier la publication des pages qu'on va lire.

A. D.

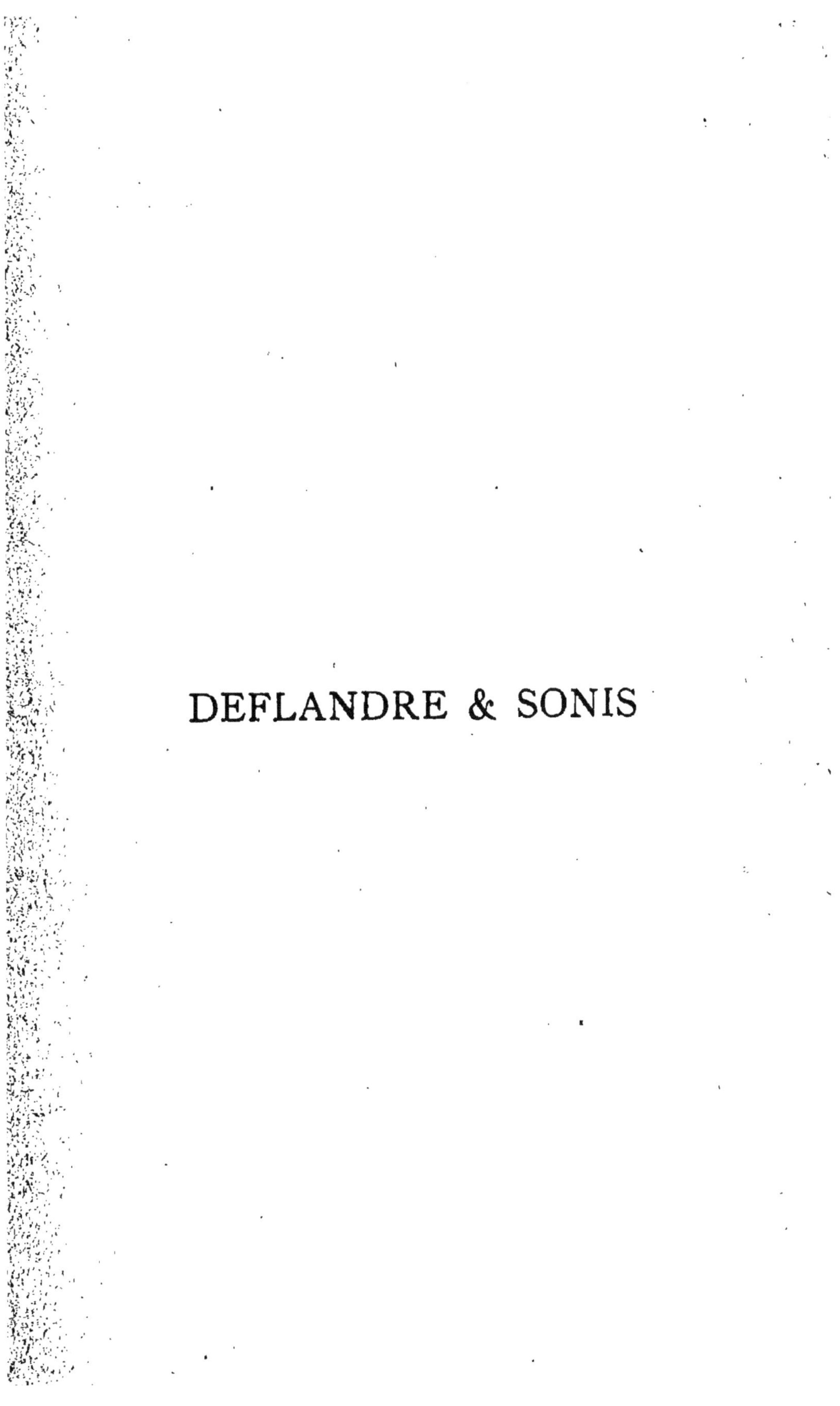

DEFLANDRE & SONIS

DEFLANDRE & SONIS

Asinius Pollio trouvait ez histoires mesmes de César quelque mescompte en quoy il était tombé, pour n'avoir pu jecter les yeux en touts les endroits de son armée, et en avoir creu les particuliers qui luy rapportaient souvent des choses non assez vérifiées ; ou bien pour n'avoir esté assez curieusement adverty par ses lieutenants des choses qu'ils avaient conduictes en son absence. On peut voir, par là, si cette recherche de la vérité est délicate, qu'on ne se puisse pas fier d'un combat à la science de celuy qui a commandé, ny aux soldats, de ce qui s'est passé près d'eux, si, à la mode d'une information judiciaire, on ne confronte les tesmoings...

MONTAIGNE, liv. II, ch. X.

Dans le récit de la première journée de Josnes, le général Chanzy s'exprime ainsi :

« Nos pertes dans cette bataille étaient

considérables. Le général Deflandre, commandant la 3e division du 17e corps, avait reçu une blessure dont il mourut quelque temps après. »

Cette citation est tout le panégyrique qu'ait obtenu le seul officier général frappé mortellement, dans une bataille qui, durant trois jours, tint en échec l'armée prussienne venue de Metz au secours des divisions bavaroises de von der Tann. Ce silence, tandis que le bronze et le marbre perpétuent le souvenir de tant d'autres héros, est surprenant. Peut-être ne faut-il pas l'attribuer seulement à l'oubli. La mémoire du général Deflandre doit avoir souffert des déclarations faites plus tard par celui qui, pendant douze jours, avait été son chef immédiat, et qui, tombé lui aussi sur un champ de bataille, eut l'heur de survivre à sa blessure pour récolter une ample moisson de lauriers.

Appelé devant la commission parlementaire de Versailles, le général de Sonis, le 10 août 1871, nomma son ancien subordonné, mort depuis huit mois, non pour faire son éloge posthume, mais au contraire pour le blâmer incidemment.

« Malheureusement, dit-il à propos du combat de Brou, le général de division Deflandre, commandant les troupes de Marboué, se trouvait au conseil de guerre, à Châteaudun, sans ma permission ; mon ordre ne lui fut pas remis, et au point du jour, quand j'attendais la colonne et que j'étais à cheval, personne n'arriva. Je fus obligé moi-même de courir de tous côtés, de faire prendre les armes, de faire prendre des vivres pour deux jours, et je pus enfin partir ; seulement, au lieu de partir à trois heures du matin, comme je croyais pouvoir le faire, je ne partis qu'à sept heures du matin. »

Plus tard, à propos de la bataille de Loigny, le général de Sonis fut beaucoup plus sévère encore envers son lieutenant disparu. Mgr Baunard, l'historien du général de Sonis, transcrit des notes et des lettres accablantes pour celui qui ne pouvait plus relever l'accusation.

« Sonis avait fait demander par le capitaine de Luxer à la 3e division d'arriver coûte que coûte, afin de l'appuyer. Rien ne venait, » dit Mgr Baunard.

— Puis, citant plus loin les paroles du général :

« Nous marchâmes d'un pas assuré, bien convaincus que nous remplissions un grand devoir. J'avais toujours l'espoir que la 3e division arriverait enfin et appuierait mon mouvement... »

— Et encore, dans une lettre adressée à la fin de 1871 à M. de Freycinet et complaisamment citée par Mgr Baunard :

« Dans cette marche en avant, j'ai peut-être mérité le reproche d'impétuosité, puisque impétuosité il y a. Mais il fallait à tout prix sauver ce qui était derrière moi, et j'avais le droit d'espérer que la division Deflandre, qui n'était pas loin, et que j'avais envoyé chercher coûte que coûte par le capitaine d'état-major de Luxer, appuierait mon mouvement... Je n'ai donc rien fait de contraire aux règles générales de la guerre, et je suis encore convaincu que *si chacun avait fait son devoir* ; *si la 3e division m'avait suivi ou s'était portée en avant*, même après ma blessure... nous nous serions rendus maîtres de Loigny. »

L'accusation s'est donc précisée. Elle

est devenue formelle. Elle a dû certainement affliger les compagnons d'armes de Pierre Deflandre, autant que put le faire la nouvelle de sa mort. Mais n'ont-ils donc pas été surpris, plus encore que découragés, en apprenant que, à la veille de mourir en brave, comme il avait toujours vécu, cet ancien troupier d'Afrique avait manqué à son devoir, qu'il avait refusé d'accourir à l'appel de son général en chef ?

Ce dernier, avant de tomber à Loigny, avait conçu une meilleure opinion de celui qu'il devait ne pas ménager plus tard. Le matin du 1er décembre, en accueillant le colonel Forgemol, un de ses bons camarades qui arrivait d'Afrique pour être chef d'état-major de la 3e division du corps d'armée, il le félicita d'avoir été placé sous les ordres d'un homme tel que le général Deflandre.

En écartant toute idée de prévention première, ce bon témoignage semblerait aggraver les accusations du lendemain. Mais il faut tenir compte au général de Sonis des longues souffrances qu'il avait endurées. Cela peut expliquer la sévérité de ses jugements, car le général Deflandre n'a pas été le seul a en porter le poids. Le blessé de Loigny a été prodigue de récriminations, en effet.

Devant la commission d'enquête de Versailles, après avoir déclaré qu'il n'avait rien à dire à la charge de personne, il chargea à peu près tout le monde. Il s'étonna d'abord du désarroi qu'il avait remarqué dans les bureaux de la délégation de Tours. Ensuite il raconta qu'il dut bondir comme un lion sur des paysans qui s'indignaient de voir toute une armée battre en retraite avant d'avoir rencontré l'ennemi. A propos de la marche sur Brou, il se montra tout scandalisé, dans un temps où, lui, colonel de cavalerie la veille, avait été mis à la tête d'un corps d'armée, en s'apercevant « qu'il avait dans la main un instrument peu sûr, que les chefs de corps connaissaient peu leur affaire, que les officiers ignoraient les manœuvres et que les soldats ne savaient pas les exécuter ». Pour la journée du 2 décembre, il poussa à l'extrême, car il accusa de lâcheté un régiment oublié à plusieurs kilomètres du champ de bataille. Jusqu'à Chanzy lui-même à qui le général de Sonis reprocha de l'avoir appelé au danger pour l'y laisser sans appui et sans soutien !

Le trouble de l'administration de la guerre transportée brusquement en province, l'indignation des paysans du Dunois qui de nouveau se voyaient abandonnés devant les envahisseurs, l'inexpérience des chefs, des soldats, tout cela était pourtant naturel, inévitable, fatal. Les difficultés étaient sans nombre, les tristesses amères, irrémédiables. Tout était à refaire, à improviser, à créer. Il fallait bien de l'aveuglement pour s'étonner de l'imperfection des choses à cette heure sombre et critique. Il fallait être plus que sévère pour nier le mérite d'efforts même restés infructueux, ainsi que le général l'a fait en ces termes dans sa lettre à M. de Freycinet :

« Je regrette seulement, Monsieur, en lisant la préface de votre livre, de ne pas partager votre opinion sur la valeur des troupes qui ont composé l'armée de la Loire, et je demeure convaincu, — tout en faisant mes réserves pour les corps qui ont fait leurs preuves, — que si les Français d'aujourd'hui eussent été dignes du glorieux passé de leurs pères, le pays eût pu, grâce aux ressources que vous avez su créer, repousser l'invasion. — Je suis donc convaincu, contrairement à votre opinion, que la France n'a pas été digne d'elle-même, et j'ai conscience de n'être pas plus aigri par le malheur qu'aveuglé par la passion. »

En se généralisant à ce point, l'anathème a perdu de sa force. Le procès du plus gradé, sinon du plus illustre des accusés, apparaît comme revisable. L'histoire de la division Deflandre, pure et simple, impartiale, d'après des documents authentiques et de hauts témoignages, suffira pour restituer, loyale et sans reproche, la figure d'un des nombreux généraux qui ont montré, en 1870, que, s'ils avaient été à l'honneur, ils savaient tenir leur place au danger.

I

Sans doute, quand Pierre Deflandre fut appelé à commander une division d'infanterie à l'armée de la Loire, il n'y était pas complètement préparé. Mais, à ce moment, le gouvernement de la Défense nationale était obligé de faire appel au dévouement d'hommes autrement inexpérimentés. Le passé de ce militaire de cinquante-sept ans, vigoureux et énergique, offrait au contraire de très sérieuses garanties.

Pierre Deflandre, né à Soissons le 28 avril 1813, s'était engagé dans la cavalerie, le 19 mai 1831, au lendemain de sa dix-huitième année. Il devait avoir à cœur de se faire pardonner son départ et de prouver à ses parents la sincérité de sa vocation. Le fait est qu'une rare distinction marqua ses débuts. Trois mois et demi après son arrivée au corps, il fut nommé maréchal des logis, par récompense nationale, sans avoir été brigadier. Mais la paisible existence de garnison ne pouvait le satisfaire. Au delà de la Méditerranée se poursuivait la conquête de l'Algérie. Chaque jour apportait la nouvelle de quelque glorieux combat. Sous la conduite des princes, à peine sortis de l'adolescence, l'armée s'illustrait sans répit. Les échos de la lutte étaient faits pour troubler un jeune engagé volontaire, distingué dès son entrée au service. Le 18 avril 1833, le maréchal des logis Deflandre rendit résolument ses galons, pour passer dans un régiment de chasseurs d'Afrique. Il s'embarqua, juste à vingt ans. Nul doute qu'il ne se soit alors juré de ne pas rentrer au pays natal sans avoir conquis l'épaulette.

Or, quoique en campagne, force lui fut de parcourir cette fois, lentement, toutes les étapes du troupier : pendant un an il garda le double galon de laine qu'il n'avait jamais porté en France. Loin de le décourager, cela le stimulait. Fourrier en septembre 1834, il ne tirait pas prétexte de ses fonctions de comptable pour éviter le feu. Tout au contraire. Si bien que, le 28 juin 1835, à l'affaire de la Macta, il eut un cheval tué sous lui et la balle d'un Kabyle lui traversa la jambe gauche. Cela fit sur lui peu d'effet : il eût souri, incrédule, si quelqu'un avait pu lui prédire qu'il mourrait des suites d'une blessure toute semblable. Il ne songea qu'à s'en réjouir, en y voyant un titre sérieux à l'avancement.

Mais la bravoure était alors monnaie courante. L'héroïsme peuplait pour ainsi dire le désert. Les récompenses manquaient pour reconnaître dignement tous les services rendus, pour acquitter toutes les dettes de la mère patrie. Malgré sa blessure, Deflandre attendit près de dix-huit mois les galons de maréchal des logis chef. Il était bien jeune encore, vingt-trois ans ; mais son ambition s'impatientait.

Après cinq ans de service, au bout de trois années de campagnes et de combats, l'épaulette ne lui était pas promise encore. Peut-être eut-il lieu de constater que les gentilshommes, foisonnant dans la cavalerie, l'emportaient sur lui sans justice absolue. Toujours est-il qu'il prit une résolution remarquable de la part d'un cavalier : il abandonna son cheval ; il se résigna à déroger, à changer d'arme. Bien plus, pour atteindre sûrement son but, il accepta la dure épreuve d'être le sergent-major d'une compagnie de pionniers de discipline.

Les pionniers, c'est la quintessence du pire. Les gradés, parmi eux, offrent assez de ressemblance avec les dompteurs dans une cage de fauves. Jour et nuit, il faut se garder, tout en poursuivant l'exécution du service. Malheur aux faibles, ils courent perpétuellement le risque d'être volés, pillés, assassinés.

Grâce à sa fermeté, Deflandre sortit victorieux de cette galère, et il reçut la récompense de son abnégation et de son énergie. Au bout de quelques mois, il était nommé sous-lieutenant — enfin — dans l'infanterie légère.

Il avait vingt-cinq ans, était toujours plein d'ardeur. De même qu'il s'était illustré comme cavalier, il tenait à honneur de se montrer aussi digne fantassin et de glorifier cette épaulette qu'il avait assez péniblement conquise. Non content de faire porter sur ses notes, par ses chefs étonnés, que, quoiqu'il sortît de la cavalerie, il possédait très bien tous les règlements de l'infanterie, il sut trouver l'occasion d'appliquer ces règlements avec éclat. Il se distingua particulièrement dans les combats devant Cherchell, du 29 avril au 3 mai 1840. Chargé de la défense du poste de Bab-el-Rouss, il soutint, avec trente hommes, les attaques réitérées de six cents Arabes, parvint à les repousser victorieusement, et mérita ainsi d'être cité à l'ordre de l'Armée d'Afrique.

Promu pour ce fait d'armes au grade de lieutenant, il continua de guerroyer là-bas jusqu'à la fin de 1841. Il approchait de la trentaine, comptait déjà dix années de service, dont huit de campagnes effectives, actives, glorieuses. Il avait bien gagné le droit de reprendre haleine. Sa mère aspirait à le revoir et sans doute pensait-il au plaisir de reparaître parmi les siens en tenue d'officier. Peut-être encore le désir de faire souche d'honnête homme le sollicitait de rentrer en France. Bref, il se fit admettre dans la gendarmerie de la métropole, où il devait poursuivre honorablement sa carrière et trouver parfois l'occasion de se signaler.

Noté bientôt comme l'un des officiers les plus distingués de l'arme, il fut envoyé à Fontainebleau, parce que la cour s'y transportait souvent et qu'elle avait besoin d'être bien gardée. Vers cette époque, dans la solennelle et un peu triste ville où tous les souverains vont chercher le repos, le lieutenant Deflandre rencontra une jeune orpheline, fille d'un général mort récemment en activité. Elle possédait à peu près la maigre dot réglementaire; mais Deflandre jouissait de quelque aisance, ce qui le laissait libre de subordonner les questions d'intérêt au choix de son cœur. Il n'hésita donc pas à lier son sort à Mlle Eugénie-Marie de Rilliet, la noble femme qui, vingt-sept ans après, en vêtements de deuil, devait apporter au quartier général de Chanzy, à Laval, la triste nouvelle de la mort de son mari.

Quelques années s'écoulèrent dans le silence et la paix du bonheur ; mais il semble que Deflandre se fatiguât de ne plus s'illustrer. Il n'avait pas encore la croix : le blessé de la Macta, le héros de Cherchell, devait-il donc obtenir cette distinction par simple droit d'ancienneté ?

Parmi les officiers qui entouraient la voiture de Louis-Philippe, le 16 avril 1846, à Fontainebleau, se trouvait à son poste le lieutenant Deflandre. A peine le garde général Lecomte eut-il tenté de tuer le roi, qu'il s'enfuit, franchit le mur d'un enclos. Un instant on put craindre qu'il ne s'échappât. Mais Deflandre, connaissant les localités et usant de toute la vitesse de son cheval, s'était immédiatement dirigé vers la porte d'Avon, la seule issue que pût trouver le coupable. Il le joint en effet, le saisit violemment au collet et juste à temps vient en aide au jeune Millet qui appelait du secours, s'efforçait de désarmer Lecomte. Sur le désir du roi qui s'était fait présenter ses notes, le lieutenant Deflandre fut décoré six jours après l'attentat.

Cet épisode, qui témoigne, sinon d'un courage déjà mieux éprouvé, mais d'un réel esprit d'à-propos et d'une grande promptitude dans la décision, semblait devoir clore pour Deflandre la période des temps héroïques. Il recueillit dans la suite les fruits de ses heureux débuts, en gravissant, sans subir de flagrant passe-droit ni bénéficier de trop grande faveur, les grades supérieurs.

De 1864 à 1867, il avait eu l'occasion de reprendre le contact des troupes, comme lieutenant-colonel. Quelques Parisiens, s'ils se rappellent encore la féerique apothéose du second Empire, se souviendront peut-être aussi du bel officier, blond blanchissant, qui commandait alors les escadrons de la garde de Paris. Il quitta ce poste pour être placé à la tête d'une légion de gendarmerie. Commandeur de la Légion d'honneur en mars 1870, il avait encore quelques années d'activité à fournir et déjà comptait trois ans de grade : rien ne dit qu'il n'eût pas été promu général même sans la guerre. Lors donc que ce grade lui fut conféré par Gambetta, il était des plus dignes d'en être investi et des plus capables de répondre à l'honneur de ce choix.

Pierre Deflandre avait toujours été noté comme zélé et dévoué. Ses chefs appréciaient son esprit juste, son caractère droit, ferme, bienveillant et sûr. Ils louaient aussi son calme, son tact et sa tenue. Aux yeux d'un graphologue, la dernière lettre autographe de lui, qui ait été conservée, confirme ces notes. Elle révèle un esprit net et précis. Peu d'imagination, mais de l'ordre dans les idées, relevé par quelque originalité, par un certain amour de la forme. Une parfaite égalité d'humeur et de la franchise. De l'énergie enfin, une volonté d'autoritaire, tempérée par la douceur, et, en quelque sorte, une ambition louable et une inflexibilité loyale.

Dans cette lettre, le colonel Deflandre rendait compte de la remise de son service de chef de la 24e légion de gendarmerie. Il alla prendre en mains l'organisation de la défense du département de la Côte-d'Or; mais il reçut presque aussitôt avis de sa nomination de général de brigade, avec ordre de se rendre à Tours pour commander la 3e division du 17e corps. Dès le lendemain, il avait rejoint son nouveau poste.

II

A Tours, le général se rencontra avec son chef immédiat, le baron Durrieu, qui était chargé de créer le 17e corps. Il ne fit que passer au siège du gouvernement et se rendit à Vendôme, lieu de concentration de sa division. Elle devait comprendre le 1er bataillon de marche de chasseurs à pied, deux régiments d'infanterie de marche, le 45e et le 46e, et le régiment des mobiles du Lot. Les ordres de bataille y font également figurer le 76e de mobiles, composé de bataillons de l'Aude, de l'Ain et de l'Isère ; mais, en réalité, ce dernier régiment opéra principalement avec le 21e corps, qui fut formé plus tard sous le commandement de l'amiral Jaurès.

Dès la mi-novembre, les autres corps de troupe de la division étaient rassemblés autour de Vendôme. Aidé du capitaine Mourlan, qui remplissait les fonctions de chef d'état-major, en attendant l'arrivée du colonel Forgemol, et secondé par le colonel de Jouffroy d'Abbans, commandant la 1re brigade, le général Deflandre s'appliquait à donner quelque cohésion à tous les détachements venus de dépôts différents. Période fiévreuse, pendant laquelle chacun, à tous les degrés, s'efforçait de s'infuser en toute hâte des connaissances qu'en d'autres temps on passe des mois à acquérir.

A ce moment se place la première entrevue du général Deflandre et de son futur commandant en chef. Deflandre et Sonis, à Vendôme, étaient encore sur le pied de l'égalité. Sonis cherchait les régiments de cavalerie de la division qu'on venait de lui attribuer. Il avait, à vrai dire, comme brigadier, onze jours d'ancienneté sur son collègue; mais il était plus jeune de douze ans, ce qui impliquait quelque déférence.

Deflandre, naturellement froid, absorbé, qui plus est, par les soins multiples de son commandement, ne put pas satisfaire l'ardeur impatiente de son jeune camarade. Sonis, brun, svelte, bouillant, se plaignait vivement de l'ignorance où il était laissé sur l'emplacement de ses troupes

Plus grand, un peu lourd, la moustache blanche et d'esprit plus rassis, le fantassin Deflandre n'avait rien à répondre et il éprouvait sans doute le désir de vaquer à ses propres affaires : il conseilla au cavalier de pousser jusqu'à Châteaudun.

La malheureuse cité était alors à moitié ensevelie sous ses propres décombres ; mais, dans les rares quartiers épargnés par les obus prussiens, les habitants se réjouissaient de revoir les uniformes français, tout en redoutant à bon droit une nouvelle invasion. Le général de Sonis, dont le bel entrain avait séduit l'ardent ministre de la guerre, dut à cette opinion favorable de connaître dans Châteaudun des heures pénibles. Tandis que le chaos militaire d'alors l'avait choqué partout, il se vit appelé, sur ce théâtre de ruine et de désolation, à jouer un rôle élevé, qui lui imposait de créer l'ordre, d'organiser la victoire. Ce grand honneur et cette lourde tâche inquiétèrent sa scrupuleuse conscience ; mais une rencontre, qui devait être le point de départ de sa glorieuse légende, vint tout d'un coup le rasséréner. Il goûta une joie singulière en apprenant qu'il avait auprès de lui la légion des zouaves pontificaux. Obligé de se retirer précipitamment sur Fréteval, il envoya à Charette une lettre où se lisaient ces mots :

« Mon colonel, je vous connais depuis longtemps, car il n'est pas un cœur chrétien qui puisse ignorer votre nom... Avant de quitter votre voisinage, je veux saluer votre belle et héroïque troupe dans son admirable chef et vous dire que je vénère tout ce que vous vénérez, que j'aime tout ce que vous aimez. Dans ces tristes temps c'est une consolation de mourir au milieu de braves gens comme vous, et de pouvoir se dire que Dieu n'abandonne pas la France puisqu'elle a encore des enfants fidèles. »

Les panégyristes, en publiant ce texte, ont indiscrètement insisté sur les effets d'une sympathie si spontanément, si vivement exprimée, et qui ne devait que s'accroître, jamais se démentir. C'est ainsi qu'ils rapportent encore cet extrait d'un récit intime du général, sur la nuit du 1er décembre :

« Vers onze heures et demie du soir, nous atteignîmes un grand château, près de Saint-Péravy-la-Colombe. J'en fis mon quartier général, et je priai M. de Charette de m'envoyer ceux de ses zouaves qui étaient trop jeunes ou trop délicats pour coucher dehors en cette rude saison. »

A certain point de vue, la préoccupation était louable, l'attention délicate, tout au moins envers ceux qui en étaient l'objet ; mais, à la veille d'une bataille et de la part du chef de 30,000 hommes, cela marque une prédilection absolue, mère de la partialité. Ce sentiment était à noter, parce qu'il peut expliquer l'excessive sévérité des jugements portés sur ceux qui n'avaient point appartenu à la légion de choix. Cette inégalité de traitement apparaît dès le début des opérations du 17e corps. A propos de l'escarmouche de Brou, le général de Sonis se souvint des troupes de ligne pour signaler leur inexpérience au départ de Marboué ; mais la part qu'elles prirent à l'action de l'après-midi s'efface devant l'attention réservée à 1,500 hommes, marins et zouaves de Charette. Cette colonne fut lancée par le général en personne, stimulée par lui. Une vingtaine d'entre les zouaves furent mis hors de combat, « préludant ainsi, dit Sonis, avec le 17e corps, au sacrifice qui, plus tard, à Loigny, devait les signaler à la reconnaissance du pays. »

III

Cependant, tandis que le général de Sonis s'était transporté de Châteaudun à Fréteval, pour retourner à Châteaudun et y échanger de nombreux télégrammes avec le gouvernement de Tours, le général Deflandre avait poursuivi silencieusement à Vendôme l'organisation de sa division.

Quelque imparfaits qu'en fussent les éléments, il les avait de son mieux réunis, soudés, articulés, si bien que la 3e division fut la première du 17e corps en état de tenir la campagne. Dès le 19 novembre, elle se mettait en marche sur Fréteval; le 20, elle atteignait Châteaudun, et, le lendemain, elle allait prendre position derrière la Conie, la gauche appuyée à Marboué, où le général Deflandre établissait son quartier général. Il ne restait pas, d'ailleurs, inactif un seul jour. Le 23, l'ennemi ayant été signalé en avant de Marboué, le 45e de marche, conduit par le colonel Didier, poussait une reconnaissance jusqu'à Donnemains-Saint-Mamers.

A ce moment, le général Deflandre apprit que son jeune collègue, promu général de division, devenait son chef, en remplacement du baron Durrieu. Il se peut qu'il en éprouva quelque surprise et même quelque contrariété. Amour-propre à part, il avait dû, dans la première entrevue de Vendôme, juger la nature exubérante et inquiète du général de Sonis : elle devait s'accorder mal avec les nécessités d'un commandement d'armée, qui exige par-dessus tout de la réflexion, du sang-froid et de la patience. Étant aux prises lui-même avec de moindres difficultés, il pouvait mesurer les fortes qualités qu'exigeait la conduite de quatre divisions improvisées. Quelles que fussent, du reste, ses pensées intimes, elles n'entamèrent point son esprit de discipline. Ce qui en fait foi, c'est l'éloge que le général de Sonis fit de lui au colonel Forgemol, le 1er décembre. Le fait de ne s'être pas trouvé au camp de Marboué, ce qui devait lui être imputé à grief dans la suite, n'implique aucune insubordination. De Châteaudun à Marboué, il n'y a qu'un temps de galop.

Si le général Deflandre s'était rendu au conseil de guerre, c'est qu'il désirait, au moment de la concentration du corps d'armée, être auprès du général en chef, pour la tenue des conseils qui semblaient s'imposer.

Au surplus, quand le général de Sonis s'est plaint d'avoir perdu un temps précieux à cause de cette irrégularité de son lieutenant, et de n'avoir pu se mettre en marche qu'à sept heures et demie au lieu de trois heures du matin, il semble avoir été mal servi par sa mémoire. Les journaux de marche des régiments de la 3ᵉ division s'accordent à marquer leur départ pour Brou entre quatre heures et demie et cinq heures. Il faut croire enfin que chacun est bien enclin à s'illusionner sur soi-même, car, tandis que le général de Sonis a signalé la maladresse de ses troupes, l'un des régiments a consigné en ces termes la première mise en branle du 17e corps :

« Dans la nuit du 24 au 25 novembre, une brigade de la 2e division se porte au delà de la Conie et dessine un mouvement vers Bonneval. Pendant ce temps, les 1re et 2e divisions passent le Loir à Marboué, et, au point du jour, elles étaient en bataille sur le plateau situé en avant de cette localité. Dans un ordre parfait, malgré l'état du terrain détrempé, elles exécutent une marche par régiments échelonnés jusqu'à hauteur de Logron. »

Cette marche dura de l'aube jusqu'à trois heures de l'après-midi, presque sans repos. Rien n'est fatigant comme de parcourir une étape en forme déployée ; mais l'idée d'aller vers l'ennemi excitait les courages, stimulait l'ardeur de tous. Parfois, il est vrai, quelques réflexions plaisantes ou découragées se faisaient entendre, lorsqu'un sous-pied venait à se rompre, et qu'un soulier s'embourbait. Enfin, vers trois heures, on aperçoit les masses sombres de l'ennemi ; on s'arrête, quelques éclairs, là-bas, brillent à ras de terre, les obus sifflent, bourdonnent et s'abattent au milieu des Français : mais les hommes qui pestaient le plus fort contre la boue s'empressent maintenant de la bénir. Les obus percutants des Allemands s'y enfoncent comme dans du beurre, sans éclater : ils ne font à peu près aucun mal. A peine eut-on à constater quelques blessures légères.

Le général de Sonis, par une sorte de coquetterie française, laisse l'ennemi lancer quelques bordées, sans répondre. Il veut faire croire d'abord qu'il n'a point d'artillerie ; puis il la démasque brusquement et tire à toute volée. Nos projectiles étaient sans doute plus meurtriers que les autres, car l'adversaire ne tarda pas à battre en retraite. Aussitôt la 3e division reprend sa marche en avant. Tandis que Sonis, l'épée au poing, montre aux zouaves la ferme qu'ils doivent enlever, et les excite de la voix, le général Deflandre donne ses ordres que transmet le jeune capitaine Mourlan, jaloux d'honorer la croix qui vient de lui être décernée.

A droite, le 46e régiment de marche doit s'emparer du village de Yèvres. Le 1er bataillon y pénètre en effet, résolument, pendant que les chasseurs et le 45e de marche se portent sur Brou.

Il est quatre heures environ : bien que les hommes soient sur pied depuis douze heures, il tournent allègrement le village, par son extrême gauche, et ils en débusquent les défenseurs. Les chasseurs y entrent en même temps. Une batterie peut ainsi aller prendre position en avant de Brou. De là elle canonne les Prussiens vigoureusement, et, dans la nuit qui tombe, accélère leur mouvement de retraite.

Après une assez longue poursuite, le général en chef ordonne d'installer les bivouacs. Les hommes, harassés de fatigue, remués par des émotions toutes nouvelles, mais heureux et fiers d'un premier succès, assez facilement acquis à vrai dire, se réjouissent à l'idée de souper et de coucher sur le champ de bataille. Mais leur joie tomba vite. Le général de Sonis se plaisait à pratiquer des stratagèmes à l'africaine : de même qu'il s'était appliqué à cacher longtemps ses batteries, il se fit également un jeu de faire allumer de grands feux, pour masquer tout simplement son départ immédiat. Bien qu'il ait refoulé l'ennemi, il recule à son tour. Il ramène ses troupes à leur campement du matin, sans leur faire reprendre haleine. Du moins, il en ramène ce qui peut suivre, car l'effort était vraiment au-dessus des forces de soldats improvisés.

« Je savais bien, avouait-il plus tard, qu'on ne faisait pas de ces pointes sans laisser du monde sur la route. Aussi fus-je obligé d'envoyer ma cavalerie, le lendemain matin, pour recueillir les traînards nombreux qui s'exposaient à être enlevés par la cavalerie légère de l'ennemi. »

Cette tactique peut, sans exagération, être qualifiée de cavalière. Puisque l'ennemi avait reculé à deux reprises, il n'était pas en force pour reprendre de sitôt l'offensive. Il n'y avait donc pas d'imprudence à accorder quelque repos à la division. Il était en tout cas bien préférable de s'éloigner lentement, de manière à opposer un solide faisceau à un retour agressif, plutôt que de semer en chemin des hommes épuisés, et de pousser ainsi à la démoralisation et à l'indiscipline. La langue vulgaire fournit une locution plaisante qui peut s'appliquer à l'incident de Brou : *Il ne faut pas confondre vitesse avec précipitation.*

Cette affaire, dont le général de Sonis se montrait d'ailleurs très fier, commença d'ouvrir les yeux sur son véritable caractère à ceux qui l'avaient distingué et choisi. D'Aurelle de Paladines, qui lui avait fait donner, à titre définitif, les trois étoiles de divisionnaire quarante jours après sa nomination de brigadier, le ministre de la guerre lui-même, qui n'avait pas hésité à le substituer au baron Durrieu, s'aperçurent aussitôt que sa valeur personnelle, son courage chevaleresque, s'accommoderaient mal des patientes qualités qu'exigeait la nouvelle période de guerre, avec de toutes jeunes troupes, contre un adversaire puissant et victorieux. Aussi, tout en le félicitant du résultat de sa pointe hardie, le ministre et le général en chef lui recommandèrent à plusieurs reprises, par le télégraphe, de se montrer prudent. « Soyez prudent. Surtout, soyez prudent. »

La recommandation devenait d'autant plus nécessaire, que le combat de Brou, trop insignifiant pour affaiblir l'ennemi, l'avait au contraire averti de la présence d'une proie bonne à capturer ou à écraser. Le grand état-major de Versailles avait promptement lancé ses ordres pour la concentration de forces destinées à agir contre Châteaudun. Or le 17ᵉ corps était tout à fait en vedette, sans aucune liaison avec les autres corps de l'armée de la Loire. Battu isolément, il n'avait nulle chance d'être soutenu ni recueilli. Tous les renseignements s'accordant à signaler une attaque imminente, le général de Sonis reçut l'ordre formel de se replier sur la forêt de Marchenoir.

Comme le dit M. de Freycinet dans la *Guerre en province*, le caractère chevaleresque du général eut de la peine à se soumettre à cet ordre. Dans cette circonstance, le commandant du 17e corps révéla en outre une tendance bizarre à abandonner son opinion, sitôt que d'autres la partageaient.

A son arrivée à Châteaudun, il avait peu apprécié l'importance des points stratégiques occupés par les troupes françaises.

« Le général Fiérech, dit-il, m'indiqua sur sa carte la ligne de la Conie, à laquelle il paraissait attacher une grande importance... Cette position, qu'on m'avait donnée comme très belle, me parut fort mauvaise. En même temps, je recevais des rapports de tous côtés, concluant à ceci : c'est que nous étions entourés par l'armée prussienne. »

Or, qu'il reçoive l'ordre de se replier ; que tous ses lieutenants se rallient à son avis, et aussitôt il y renonce : il ne la quittera qu'à regret, cette position que la veille il jugeait fort mauvaise. Son historien le raconte, dans des termes gros de sous-entendus :

« Quel motif avait pu inspirer un tel ordre ? Quel esprit régnait donc dans les conseils militaires ? M. de Sonis put s'en douter, lorsque le soir, malgré les ombres, ayant réuni, dans une ferme située sur le plateau occupé par la division du général Deflandre, les généraux présents et tous les chefs de corps pour les interroger sur la situation, tous, sans exception, lui déclarèrent qu'elle était fort mauvaise et qu'il importait d'en sortir au plus tôt. »

Cela donne à entendre que les subordonnés du général entretenaient des relations anti-hiérarchiques avec la délégation de Tours. Insinuation fâcheuse, et, par fatalité, un seul nom apparaît toujours, comme celui d'un bouc émissaire, le nom du général Deflandre.

IV

Les tergiversations du général de Sonis, peu justifiées, puisqu'il avait reçu l'ordre de se replier, retardèrent la mise en marche des troupes jusqu'à la tombée de la nuit. Le gris crépuscule de ce triste automne permit cependant aux trois têtes de colonne, rapidement formées, de reconnaître l'orientation de la retraite vers le sud, dans la plaine qui ondule, par delà le Loir, au pied du coteau où Châteaudun se dresse en amphithéâtre. Heure profondément triste pour les malheureux survivants de l'héroïque défense précédente. Ils suivirent d'un œil sec, mais la rage au cœur, le spectacle de cette armée en retraite, vingt fois plus nombreuse que la légion qui avait lutté sans merci, jusqu'au bombardement, jusqu'à la ruine. La France, à qui ils avaient tout sacrifié, les abandonnait !

Hélas ! les nécessités de la guerre sont terribles. Ceux qui venaient de secouer la poudre de leurs souliers sur le pavé de la cité détruite n'étaient guère moins à plaindre que les habitants délaissés. Ils ressentaient la honte de cette fuite sans combat, et ils allaient endurer de dures souffrances. Tant qu'un reste de jour luisait encore, la marche s'effectuait en bon ordre ; mais, quand l'ombre se fut faite, bientôt épaisse, profonde, les hommes, se fatiguant vite sur un sol mou, eurent toutes les peines du monde à garder leur rang, à maintenir leurs formations. Lorsque, par surcroît, les têtes de colonne vinrent se heurter aux convois de bagage qui, dans le jour, avaient pris de l'avance, le désarroi fut à son comble. L'infanterie dut abandonner les routes, couper à travers champs, patauger, s'embourber. Mais à tout prix il fallait faire place à l'artillerie, et cependant aucun ordre d'arrêt n'arrivait, nul répit, pas une heure de repos n'était laissée à personne. Le 17e corps, comme un fleuve débordé, roula ainsi, sans tumulte réel, rien qu'avec une rumeur sourde d'inondation, pendant vingt-quatre heures consécutives. L'ennemi était-il là, en forces, redoutable ? Du moins, le bruit s'en répandait de proche en proche ; des estafettes l'allaient rappelant, de distance en distance, au hasard de la nuit, pour galvaniser les malheureux qui tombaient, épuisés, dans les fossés, sur le bord de la route.

Cette marche forcée, désordonnée, poursuivie toute une nuit et encore tout le jour suivant, eût péniblement éprouvé des troupes entraînées et aguerries. Elle fut particulièrement accablante, harassante, pour la division Deflandre, qui n'avait pas eu le temps de se reposer après l'expédition de Brou. Tous les corps arrivèrent pourtant assez compacts, au terme de la retraite. Ils eurent une nuit pour dormir, se refaire et se préparer à subir la plus poignante des émotions.

Bienveillant, mais ferme et énergique, le général Deflandre n'entendait pas laisser péricliter la discipline. Si dure que fût la loi martiale, il ne voulait ni l'ignorer ni l'éluder. Un long séjour dans la gendarmerie avait bronzé son cœur, sans nuire à sa droiture. Onze soldats du 46e de marche étaient accusés d'organisation de vol : ils furent traduits devant la cour martiale, le 28 novembre ; mais la rigueur de ce tribunal d'exception fut tempérée par l'application de la jurisprudence plus équitable du code militaire. Tandis que le terrible décret du 2 octobre 1870 n'admettait que deux solutions, l'innocence ou la culpabilité, c'est-à-dire l'acquittement ou la mort, la cour martiale du 46e rendit un arrêt dicté par la raison. Quatre hommes furent acquittés et quatre reconnus coupables ;

mais trois autres, bénéficiant de circonstances atténuantes, furent condamnés seulement aux travaux forcés. Sorte de rectification du décret absolu, aveugle, du 2 octobre. L'exemple était d'ailleurs assez sévère ainsi.

Le lendemain, il y eut prise d'armes : les troupes se rassemblèrent, clairons sonnant, tambours battant, devant le romantique château de la Brosse qui se dresse à la lisière de la forêt de Marchenoir. Il fallut, dans une atroce angoisse, concourir ou assister au supplice des quatre misérables. Ils tombèrent criblés de balles par leurs camarades, tandis qu'un officier achevait la lecture de l'impitoyable jugement qui les atteignait « au nom de la patrie envahie ».

Après ce tragique intermède, les

troupes rentrèrent dans leurs campements, mornes et énervées. Au feu, les soldats plaisantent parfois, dans les moments les plus critiques ; ils en ont le droit, et c'est crâne, parce qu'après tout chacun court les mêmes dangers que les camarades qui tombent. Devant une exécution, au contraire, tout le monde se tait et souffre d'un mal vague, mais très réel. Quand on a regardé les corps, transpercés, de soldats fusillés, on peut voir sans terreur les morts du champ de bataille : si défigurés qu'ils soient, ceux-ci gardent en quelque sorte un reflet de beauté morale. L'idée qu'ils sont tombés pour le devoir et l'honneur leur crée une auréole, au lieu que les suppliciés font horreur : leur sang qui fume autour d'eux, pendant le pénible défilé de leurs camarades, est comme une liqueur précieuse, répandue sans profit, gaspillée, déshonorée. Il faut une bien froide raison pour admettre, sans une sourde protestation du cœur, la légitimité de telles hécatombes. Aussi les troupes de la 3e division apprirent-elles avec joie que le camp allait être levé.

Le 30 novembre, tout le corps d'armée était debout, dès l'aurore, et, divisé en trois colonnes, il s'orientait de nouveau vers le nord, en obliquant à l'est.

V

Le temps était gris et froid, mais très sec. La terre s'était durcie sous la gelée, ce qui fatiguait un peu les pieds endoloris des fantassins. En revanche, on ne s'embourbait plus, et la bise, en fouettant le sang, stimulait la marche. A un kilomètre d'intervalle chacune, les trois colonnes s'acheminaient parallèlement, d'un pas assez allègre.

Au delà du bourg d'Ouzouer-le-Marché, une canonnade lointaine vint encore animer les courages. Les aides de camp du général en chef portèrent de tous côtés des ordres et les trois divisions se déployèrent en bataille. La marche se poursuivit ainsi, pendant une heure environ, à travers champs, l'oreille aux écoutes, l'œil fixé sur l'horizon brumeux, le coude au coude du voisin, les pieds de plus en plus meurtris par un sol inégal et rêche.

Mais, si loin que les éclaireurs pussent aller, ils ne découvrirent point l'ennemi. Le grondement du canon avait cessé. Les formations de route purent être reprises, et l'on continua d'avancer sans autre incident, jusqu'au soir. La division Deflandre établit ses bivouacs à Coulmiers, le bataillon de chasseurs dans les tranchées en avant du village, les mobiles et le 46e aux environs et le 45e au château du Grand-Luz.

Le général de Sonis coucha aussi à Coulmiers. Ce fut la dernière nuit qu'il passa au milieu de toutes ses troupes. Le lendemain, 1er décembre, appelé par le général Chanzy qui avait engagé la partie à Villepion, pressé d'un autre côté par d'Aurelle de Paladines, le commandant du 17e corps se portait en avant, à la nuit tombante, avec sa deuxième division seulement. De cet instant date le commencement de l'épopée qui devait illustrer Sonis et sa légion. C'est au milieu des zouaves, côte à côte avec le colonel Charette, qu'il chevaucha de nuit jusqu'à Saint-Péravy. Avec son entourage d'élection, il prit là son dernier gîte, tandis qu'une brigade composée du 48e et du 51e d'infanterie de marche, poussait vers Patay.

Cependant, la 1re et la 3e division avaient été laissées en arrière sous l'autorité du général Deflandre. Au milieu de la nuit, des estafettes lui apportèrent de Saint-Péravy les dépêches qui annonçaient la grande sortie de Ducrot. Des copies en furent immédiatement répandues dans tout le camp et lues à la lueur des feux de bivouac. Cela suscita le plus vif enthousiasme. En un clin d'œil, le camp fut levé, et, dès l'aurore, toute la 3e division se mit en marche gaiement, dans la même direction que la 2e division.

Rien que pour atteindre Patay, où, de Saint-Péravy, le général de Sonis avait pu parvenir sans trop de fatigue, les troupes du général Deflandre avaient à fournir déjà une petite étape. Elles ne rejoignirent donc la 2e division que vers midi. Depuis longtemps le canon tonnait autour de Loigny. Le 16e corps luttait avec acharnement, d'abord victorieux, bientôt maintenu, et, sur quelques points, repoussé par les forces supérieures de l'ennemi. Le général Chanzy, ayant mis en ligne jusqu'à son dernier bataillon, s'était vu réduit à faire un pressant appel à son collègue de Sonis. Celui-ci montait à cheval pour se diriger vers Villepion avec sa 2e division, quand le général Deflandre parvint avec la tête de colonne de la 3e à la hauteur de Patay. Le commandant du 17e corps ne prit que le temps de dire à son lieutenant que, quelque fatiguées qu'elles fussent, les troupes ne pouvaient songer au repos et qu'il fallait au contraire leur faire prendre leurs formations de combat. La 3e division se déploya donc en avant de Patay, pour constituer l'extrême gauche de l'armée de la Loire.

Le général de Sonis s'était d'ailleurs aussitôt éloigné vers l'est, avec les zouaves pontificaux, les mobiles des Côtes-du-Nord, deux compagnies franches et toute l'artillerie de réserve. La brigade Charvet — 48e et 51e de marche — avait aussi pris cette direction, en suivant une ligne plus oblique vers le sud-est. La plaine est ondulée. Toutes ces troupes furent bientôt hors de vue de la division Deflandre, qui pendant plusieurs heures allait rester sans nouvelles du général en chef. Déployée à quelques kilomètres en avant de Patay, vers Guillonville et Gommiers, elle s'employait à empêcher l'aile droite allemande, composée surtout de grosse cavalerie, de tourner la gauche du 16e corps. La division de cavalerie française, envoyée par Chanzy dans cette direction, s'était retirée devant une attaque prononcée par quelques batteries à cheval du prince Albrecht de Prusse.

De midi à trois heures, la situation du général Deflandre fut des plus délicates. Il arrivait sur le champ de bataille avec des troupes fatiguées, sans avoir aucune donnée sur la marche des événements. Il ignorait même l'objectif qu'on se proposait et était cependant abandonné à lui-même. Il devait s'en tenir à cette idée qu'il fallait empêcher l'ennemi de passer au sud-ouest de Loigny, de peur que le 16e corps ne fût pris à revers et coupé du reste du 17e corps qui achevait d'arriver à Patay. Or la distance à couvrir était grande : le général Deflandre la gardait de son mieux, tout en se préoccupant de se lier à la 2e division que le général de Sonis avait emmenée au loin. Sans nouveaux ordres, il ne pouvait toutefois chercher à s'en rapprocher, sous peine de découvrir la vaste étendue de pays qu'il avait mission d'occuper.

Au reste, les démonstrations de l'ennemi obligeaient à se tenir de ce côté sur la défensive. Tandis que le 46e régiment de marche restait en réserve et recevait pourtant quelques obus, le 45e s'avançait en échelons par bataillon, un peu à droite de Guillonville. Au moment où il cherchait à s'emparer d'un hameau qui se trouve au débouché du bois du village, les

Allemands tentèrent d'opposer quelques charges de cavalerie; mais notre artillerie divisionnaire, protégée par le 1er bataillon de chasseurs et par les mobiles du Lot, repoussa victorieusement ces tentatives, et le 45e put occuper le hameau.

Avec des troupes d'infanterie surmenées, le général Deflandre aurait été dans l'impossibilité de poursuivre de la cavalerie soutenue par des batteries légères, lors même qu'il n'aurait pas été préoccupé de tendre la main au général en chef à première réquisition. Cet appel devait en effet se produire, mais trop tard.

VI

Pendant que la division Deflandre s'immobilisait ainsi dans un rôle de couverture qui eût été plus efficacement rempli par une simple brigade de cavalerie, le général de Sonis, entouré de son état-major et suivi d'une brillante escorte de spahis, s'était porté directement sur Villepion, où il avait trouvé le général Barry et quelques instants après Chanzy. Des troupes qu'il avait emmenées de Patay, il put mettre en ligne un bataillon des zouaves pontificaux, un autre de mobiles des Côtes-du-Nord, les francs-tireurs de Tours, ceux de Blida et les deux premiers bataillons du 51e régiment de marche. Le 3e bataillon de ce régiment avait été laissé en réserve. Quant au 48e de marche, par suite d'une erreur inexplicable, il avait été dirigé sur Terminiers, où il fut oublié et resta complètement inutile. Il en fut de même du 10e chasseurs à pied.

A l'exception de ces cinq bataillons, les troupes de la 2e division du 17e corps s'étaient déployées à droite et à gauche du château de Villepion. Leur action était d'ailleurs peu efficace. De deux heures et demie à trois heures environ, la lutte se réduisit à un duel d'artillerie. Quatre batteries françaises tiraient sans relâche; mais l'artillerie allemande, postée à deux mille mètres au nord-est, leur répondait avec fruit. Les obus pleuvaient sur Villepion, tuant servants et chevaux à foison et faisant aussi de nombreuses victimes parmi les hommes du 51e qui encadraient nos batteries.

Vers trois heures, une batterie de quatre mitrailleuses, postée à la gauche, eut à s'utiliser contre des masses de cavalerie qui apparurent du côté de la ferme de Chauvreux, à quinze cents mètres, et firent mine de tourner la gauche de la ligne française. Le bataillon des Côtes-du-Nord fut un instant dirigé de ce côté. Cette démonstration, jointe au feu des mitrailleuses, suffit pour faire disparaître la cavalerie ennemie.

Les mobiles revinrent alors se placer à la gauche des zouaves, qui se trouvaient à l'angle sud-est du mur du parc de Villepion. Les compagnies étaient massées les unes derrière les autres, les francs-tireurs en dernière ligne. Tous étaient couchés par ordre. Les tirailleurs, en avant des batteries, étaient fournis par le 51e, qui depuis de longs quarts d'heure subissait la dure épreuve de l'immobilité sous une avalanche de mitraille. Ce corps, dont les pertes s'élevèrent, pour les deux bataillons engagés, à deux cent soixante-trois hommes, tués ou blessés, recevait là le baptême du feu. Quelques soldats perdaient la tête et quittaient leur poste.

Or, le général de Sonis, monté sur un petit cheval gris, arabe, immédiatement suivi de son porte-fanion, un spahi à burnous rouge, et entraînant sur ses pas une vingtaine de cavaliers, courait sur toute la ligne des tirailleurs. Il allait d'un groupe à l'autre, cherchant à pousser les uns, à ramener quelques effrayés. Il ne pouvait tenir en place et ne donnait ainsi aucun ordre d'ensemble. Telle était cette surexcitation, que le chef d'état-major, intime ami du général, ne put s'empêcher de le rappeler à plus de calme. « Tâche donc de rester en place, lui dit-il. On ne peut te suivre ni te trouver, et, avec ton état-major, tu jettes le désordre dans toute la ligne. »

Mais le général était hors de lui. Il s'approcha du bataillon des zouaves, devant lequel se tenaient le colonel de Charette, le lieutenant-colonel de Troussures, l'aumônier et le porte-étendard qui venait de déployer la bannière du Sacré-Cœur.

— Charette, je puis compter sur vous ?

— Oui, mon général, répondit le colonel, qui ajouta en se tournant vers ses hommes : « Debout ! »

Le bataillon se leva et resta l'arme au pied.

— Savez-vous où est la division Deflandre ? reprit alors le général de Sonis en s'adressant à un de ses aides de camp.

— Non, mon général, répondit cet officier ; mais je puis la chercher.

— Hé bien, Luxer, vous allez la prendre et l'amener ici au plus vite. Je vais attaquer la position avec Charette et ce qu'il y a là : la division Deflandre nous soutiendra.

Le capitaine de Luxer, chargé de la difficile mission d'amener sur l'heure toute une division dont il ignorait la position, vint s'enquérir auprès du chef d'état-major de la direction tout au moins où elle pouvait se trouver. « Elle doit être à notre gauche, » répondit le général de Bouillé.

Au moment même où le jeune capitaine mettait les éperons au ventre de son cheval, l'aumônier des zouaves venait de lever son crucifix ; l'étendard du Sacré-Cœur était placé face au bataillon : les zouaves s'agenouillèrent. M. de Luxer, profondément remué à ce spectacle, stimulé par l'importance de sa mission, partit à franc étrier, tandis que, le front penché, ces fiers jeunes hommes recevaient leur bénédiction suprême.

Malheureusement, le terrain, inégal, durci par la gelée, favorisait peu une course à plein galop. La monture de l'aide de camp, déjà fatiguée par les allées et venues des jours précédents, buttait à chaque pas. Peut-être aussi l'impatience du jeune officier allongeait-elle pour lui les minutes : il avait beau s'éloigner du champ de bataille, jamais il n'apercevait rien qui lui annonçât le voisinage du secours tant désiré.

Un peu avant trois heures et demie, il passa près de la ferme d'Heurtebise, où s'étaient réfugiés quelques isolés. Il y avait même un officier que le capitaine interpella pour savoir s'il n'avait pas vu la division Deflandre : « Du côté de Guillonville, répondit l'assez inutile gardien de la ferme, il y a des troupes. »

Sans perdre son temps à vérifier ce

que faisaient là ces paisibles combattants, le capitaine continua sa route, se demandant avec anxiété si sa mission n'aurait d'autre résultat que de le séparer de son chef à l'heure du péril suprême. Il avait vingt-cinq ans à peine, et, livré à lui-même, se sentait à la fois fier et inquiet du rôle qui lui était échu. Fier, il y avait de quoi l'être à former en quelque sorte, dans cette course rapide, l'unique lien entre les deux fractions de l'armée, l'une en danger et l'autre capable d'assurer le salut de la première ; mais chaque minute qui s'écoulait justifiait une inquiétude croissante.

Enfin, à six ou sept cents mètres de la ferme d'Heurtebise, un groupe de cavaliers apparut. Il devançait de plusieurs centaines de pas des batteries gardées par un bataillon de chasseurs. Les masses d'infanterie se distinguaient à environ un kilomètre plus loin. A cette vue, le capitaine sentit battre son cœur violemment. Nul doute que ce ne fût là cette introuvable division Deflandre.

Le général, plus que jamais préoccupé d'opérer sa jonction avec le commandant du corps d'armée, s'était porté de sa personne aussi loin que possible vers l'est, sans oser abandonner la ligne de défense que ses troupes occupaient à l'ouest. Il avait auprès de lui le colonel Forgemol, nouvellement arrivé, et quelques officiers. Le capitaine Mourlan, qui jusque-là avait rempli les fonctions de chef d'état-major de la division, s'élança à la rencontre du capitaine de Luxer et le questionna vivement.

— Ordre est donné par le général de Sonis à la division Deflandre, répondit l'aide de camp, d'arriver coûte que coûte pour soutenir l'attaque qui va se faire sur Loigny. Point de direction, Villepion.

— Bien, capitaine, dit simplement le général Deflandre qui avait rejoint son sous-chef d'état-major.

Et, ainsi relevé de faction par ordre supérieur, il fait immédiatement transmettre ses instructions. Toute l'artillerie divisionnaire s'ébranle avec bruit dans la direction de Villepion.

A cet instant, par fatalité, un des officiers d'ordonnance du général Deflandre rejoignit au galop l'état-major, pour signaler des masses ennemies qui se dirigeaient sur Nonneville et allaient prendre en flanc les troupes de la division. A deux mille cinq cents mètres environ, elles s'avançaient visiblement. Les batteries firent un demi-tour à gauche, et, à la distance de deux mille mètres, elles ouvrirent le feu. Les coups portèrent, car l'ennemi n'insista pas. Il s'empressa de se diriger plus au nord, vers Loigny.

« Trois batteries à cheval, couvertes par quelques escadrons, rapporte le grand état-major prussien, demeurèrent à Nonneville, d'où, en changeant leurs emplacements, elles opérèrent avec succès contre les forces ennemies engagées à Villepion. La division de cavalerie Michel, qui avait fait mine de venir de Guillonville, s'était hâtée d'abandonner le terrain devant quelques obus bien pointés. *Par contre, une nouvelle tentative exécutée vers quatre heures par la 9e brigade de cavalerie, pour marcher sur Gommiers, échoua encore devant le feu roulant des Français.* »

Si vivement qu'eût été mené cet épisode, il avait pris un bon quart d'heure. Le général Deflandre, sans se départir de son calme, en était cependant soucieux. Comme s'il avait eu la divination de l'injustice qui devait peser un jour sur sa mémoire ou simplement instruit par son expérience des jours passés, il avait dit au capitaine de Luxer, pendant que son artillerie canonnait les cavaliers bavarois :

— Le général de Sonis m'attend sans doute pour faire son attaque. Je vais lui amener ce que je pourrai, car mes troupes sont bien fatiguées ; mais il m'attend, n'est-ce pas ?

— Je ne saurais vous dire, répondit l'aide de camp qui ne voulait ni juger son chef ni tromper l'autre général ; je ne saurais vous dire, mais je crois que l'attaque doit avoir lieu actuellement, car vous entendez le bruit de la fusillade et du canon vers Loigny.

Il était alors environ quatre heures. L'état-major se trouvait à la hauteur de la ferme de Heurtebise. Les chasseurs et les mobiles servant de soutien à l'artillerie, le général Deflandre avait fait presser le pas au 45e régiment de marche, dont le 2e bataillon, conduit par le lieutenant-colonel Didier et par le commandant Billaut, s'avança le premier dans la direction de Villepion. Le jour baissait déjà et le cercle de l'horizon se rétrécissait de minute en minute.

Le capitaine de Luxer, vivement frappé de la question du général Deflandre, avait hâte de retourner auprès du général en chef. Plus tôt il rendrait compte de sa mission, plus elle avait chance d'être efficace, bien qu'à vrai dire il sentît le doute pénétrer dans son esprit. Surexcité comme il l'était, le général de Sonis n'avait guère pu s'imposer d'attendre les renforts appelés. Raison de plus pour redoubler de zèle, pour se raidir contre l'impossible et pour braver l'infortune.

— Je retourne annoncer votre arrivée au général de Sonis, dit le capitaine au général Deflandre. Direction, Loigny.

Et il s'éloigna au galop.

VII

Tandis que le commandant de la 3e division s'efforçait de rassembler ses troupes, de les stimuler, de les diriger dans la nuit tombante, sur un terrain inconnu, sans orientation possible, l'aide de camp du général en chef poursuivait une poignante odyssée.

Quand, emporté par son cheval, il repassa à l'endroit où il avait quitté le général et où les fantassins de la division Deflandre ne pouvaient guère parvenir avant trois quarts d'heure, la nuit était déjà presque complète. Quelques blessés gisaient à terre et on entrevoyait errer, par petits groupes, des soldats débandés. Au loin, on entendait la fusillade, mais le bruit en était très affaibli. Le capitaine allait toujours : il longea un petit bois, d'où, trois heures auparavant, des chasseurs bavarois avaient fusillé la colonne de Sonis à son arrivée sur le champ de bataille. Il se demandait s'il allait recevoir le même accueil, quand il distingua, au contraire, dans la pénombre, un groupe d'une cinquantaine de soldats français qu'un officier avait maintenus autour de lui.

— Avez-vous des nouvelles du général de Sonis ? lui demanda l'aide de camp.

— Mon capitaine, voilà près d'un grand quart d'heure que je n'entends plus rien, et c'est mauvais signe. Du reste, je viens d'échanger des coups de fusil avec l'ennemi, il n'y a pas cinq minutes, et pas loin d'ici : les Allemands sont donc revenus en avant.

Beaucoup se fussent contentés de ce renseignement ; il était fait pour tuer tout espoir, pour abattre tout courage : Mais le jeune capitaine ne voulait pas désespérer et il était très brave. Il se dirigea, toujours seul, vers Loigny. Avant d'avoir parcouru cinq cents mètres, il fut arrêté par le cri de *Wer da !* Dix coups de feu partirent en même temps ; il en vit jaillir les petites flammes et entendit siffler les balles autour de lui. Sur la terre, rendue par le givre plus claire que l'atmosphère, les silhouettes de fantassins bavarois se dessinèrent en noir, à trente pas tout au plus. Et la fusillade reprit. Force fut bien alors de tourner bride : si le général était au delà, il ne s'appartenait plus ; c'est à son successeur désigné que le capitaine devait désormais le service.

— Ne tirez-pas ! cria-t-il en revenant vers les fantassins français qui allaient l'ajuster. Mais gardez-vous, car les Allemands ne sont pas loin.

L'heure qui suivit fut terrible. Le capitaine erra d'abord au gré de son cheval, qu'il n'osait plus exciter. La pauvre bête, fatiguée, soufflait à chaque instant sur des cadavres d'hommes, de chevaux qui jalonnaient le terrain tout blanc dans la nuit. Une fois le petit peloton dépassé, personne, à l'exception de quelques blessés appelant du secours. Il fallait les laisser se plaindre et mourir ; il fallait poursuivre sa route, retrouver un nouveau chef pour recommencer le lendemain, toujours, jusqu'à ce que l'on fût soi-même frappé et abattu.

Une lueur indécise éclairait cette plaine lugubre, où planait le silence, où régnait la mort. Pourtant, du côté des Allemands, quelques coups de canon partaient à toute volée, traçant de temps à autre un sillon de feu, et des fermes s'allumaient comme pour illuminer le champ de bataille. Suprême ironie, enfin : de Villepion on entendait retentir des hourras ; dans Loigny en flammes, on percevait les éclats de cuivre des fanfares, sonnant, aux oreilles des agonisants, une marche triomphale.

A ces bruits insolents répondait,

dans la direction de Patay, le sourd roulement des batteries françaises qui s'éloignaient. Le capitaine de Luxer, sur sa bête épuisée, parvint jusqu'à Guillonville, au milieu des habitants affolés devant plusieurs maisons qui brûlaient. Les malheureux, pour tâcher d'éteindre le feu, étaient réduits à casser la glace d'une mare qui ne leur offrait qu'un bien faible secours.

Toutes les troupes s'étaient d'ailleurs retirées. Le général Deflandre, en cherchant lui aussi à rejoindre son chef, n'avait rencontré que des détachements désagrégés, battus, perdus. Pendant trois heures, il avait essayé vainement d'utiliser ses forces, sans pouvoir trouver une direction, un point d'appui. A sept heures enfin, il avait dû se résigner à ramener ses troupes vers Patay, afin de se relier à la première division du 17e corps laissée en arrière et au reste de l'armée de la Loire. Avant de battre en retraite, il avait fait chasser du bois de Guillonville, par le 45e de marche, un parti de Bavarois qui était parvenu à s'y glisser. Ces braves s'étaient vengés en lançant les obus qui avaient commencé d'incendier le village.

Dans Patay, durant les premières heures de la nuit, ce fut une cohue inexprimable. A peu près tout le 17e corps s'y entassa, désemparé, ne sachant de qui devaient lui venir les ordres. Le général de Bouillé était seul revenu, mais en fâcheux état. Il gisait sur un lit de cette même maison du notaire, que tout l'état-major avait quittée à onze heures du matin. Un chirurgien bavarois, prisonnier de la veille, lui avait extrait de l'omoplate un énorme éclat d'obus.

— Sonis, dit le blessé à l'aide de camp qui le rejoignit vers neuf heures du soir, a voulu partir avant l'arrivée de Deflandre, et il s'est fait massacrer. J'ai su, par ceux qui sont revenus, que la colonne a été abîmée. Ce pauvre Sonis y est resté : personne n'a pu me dire ce qu'il est devenu... »

VIII

Le général Deflandre pouvait donc, avec les cinq sixièmes du 17e corps d'armée, regretter de ne s'être pas battu à Loigny ; mais il n'avait rien à se reprocher. Il avait tenu en respect l'extrême aile droite de l'armée allemande qui, par Guillonville et Gommiers, avait menacé de tourner et d'envelopper ensemble le 16e corps et le faible appoint amené par le général de Sonis. Ce dernier l'avait appelé trop tard : il avait encore aggravé cette faute en se jetant à corps perdu sur

Loigny, sans rien laisser en arrière pour guider son lieutenant. Le général Deflandre n'avait d'ailleurs manqué aucunement à son devoir, parce que, venue la nuit profonde, il n'avait pas exposé ses troupes à un désastre inutile, mais certain. Dans l'obscurité, l'offensive ne peut être prise qu'en toute connaissance des localités à traverser, des forces à vaincre, et surtout du but à atteindre. Tel n'était pas le cas pour le général Deflandre : il ne devait pas agir autrement qu'il le fit.

Durant la nuit du 2 au 3 décembre, les états-majors ne dormirent point. Tous les généraux durent se rendre à Terminiers, pour y recevoir les ordres de Chanzy qui était chargé de commander en même temps le 16e et le 17e corps. Cette fois, les instructions furent nettes, précises : pour les troupes du 17e corps, le système exclusif de l'entraînement allait faire place à celui de la direction. Le général Guépratte en fut nommé provisoirement le chef, par droit d'ancienneté, avec le colonel Forgemol comme chef d'état-major. Le capitaine Mourlan reprenait ainsi, à la 3e division, les fonctions qu'il devait céder encore, mais pour un jour à peine. Avant l'aurore, la générale battait dans Patay, et les régiments de la division Deflandre se rassemblaient aux débouchés du village. Puis ils prenaient position en avant, de manière à protéger la retraite en dernier échelon sur ce point.

Après deux terribles journées de marche en arrière dans un pays boisé, par un froid intense, la division se trouvait la première assez compacte pour tenir tête à l'ennemi dans les lignes de Josnes. A la droite du 21e corps, qui venait d'être concentré dans la forêt de Marchenoir, elle occupait, en face de Villermain et de Cravant, les localités de Lorges, Prenay, la Coquardière. Quelques traînards s'étaient bien égarés dans les marches de nuit à travers les terres gelées : cependant, les effectifs étaient encore fort respectables, et, après deux nuitées de cantonnement dans les granges, sous la sauvegarde de solides avant-postes, les troupes étaient prêtes pour les nouveaux efforts qui allaient leur être demandés.

Le 7 décembre, l'artillerie divisionnaire dut se joindre à celle du 21e corps, pour repousser une première attaque du côté de Villermain. Les Allemands ne s'étaient pas encore concentrés; il régnait un brouillard troublant : ils ne s'engagèrent pas à fond. L'infanterie française, après s'être massée derrière l'artillerie, n'eut pas besoin d'entrer en ligne. La journée s'acheva à construire des épaulements en terre pour protéger les batteries. Ainsi l'on reprenait haleine, en maniant la pelle et la pioche dans des terres dures comme de la pierre.

Pour le lendemain, en effet, le général Chanzy, passé depuis le 5 commandant en chef de la 2e armée de la Loire, avait prévu une attaque générale. Il avait donné les instructions les plus claires, les plus détaillées, pour assurer la résistance sur toute la ligne, de Saint-Laurent-des-Bois à Beaugency. Toute la nuit il avait neigé ; le ciel était gris de plomb : ce jour semblait ne vouloir pas commencer. Mais tous les chefs veillaient, et, dès la première heure, la division Deflandre était sous les armes. Le général parcourut les rangs des régiments, alerte, énergique, dispos, malgré sa corpulence et ses cinquante-sept ans. Avec lui chevauchait son nouveau chef d'état-major, le colonel Burr-Porter, qui, à peine arrivé du Nouveau Monde pour offrir à la France l'appui de sa précoce expérience, de son dévouement, de ses talents militaires, devait, ce jour-là même, nous donner seulement sa vie.

Physionomie sympathique de héros, Burr-Porter, né à Montrose en Pensylvanie, avait fait de solides études au « Rutgers-college » de New-Brunswick :

dès sa prime jeunesse, il s'était épris d'idées généreuses, si bien qu'à vingt-deux ans, jugeant le bon droit du côté de la Sublime Porte dans la question d'Orient, il était accouru en Europe pour se battre contre les Russes. Il avait servi dans l'état-major d'Omar-Pacha, et, au cours de la rude campagne de Crimée, il avait conçu pour les Français une vive admiration. Sébastopol vaincue, Burr-Porter, félicité, décoré, fêté par tous les alliés, choisit Paris pour se délasser pendant une année. Puis il rentra aux États-Unis, où bientôt la guerre de Sécession lui fournit l'occasion de s'illustrer dans son pays. Jusqu'à la fin des hostilités, il fut toujours aux avant-postes. L'apaisement venu, il s'était marié, en 1868, et, l'année suivante, une fille lui était née : le bonheur semblait devoir le retenir dès lors au foyer. Mais, après le désastre de Sedan, sa sympathie pour nous se décupla, par ce motif que la France s'était constituée en république. Des élans chevaleresques l'attiraient vers ses anciens compagnons de victoire, aujourd'hui écrasés sous le nombre. Le voyant sombre, inquiet, ses amis, pour l'aider à tromper cet état d'âme, l'engagèrent à passer l'Océan, afin de seconder les efforts du jeune gouvernement républicain. Burr-Porter était donc venu en France, — du moins il l'avait laissé croire à sa femme, — avec la pensée seulement de s'employer à l'organisation de la cavalerie, dont il s'était fait une spécialité. Mais, quand il arriva à Tours, la nouvelle de la défaite de Loigny y parvenait précisément : son courage l'emporta sur ce qu'il devait aux êtres chers laissés là-bas, et il demanda aussitôt à prendre du service actif. Nommé sur-le-champ, le 3 décembre, il s'était hâtivement monté, équipé, et, le 8, il était déjà à son poste de péril et d'honneur. C'était alors un homme de trente-neuf ans, dans tout l'éclat d'une vive intelligence et d'une saine virilité. Il allait d'ailleurs tomber au milieu de Français qu'il put juger malheureux, mais non dégénérés.

IX

« A huit heures du matin, rapporte le général Chanzy, trois batteries prussiennes, s'établissant à droite du village de Villermain, ouvrirent un feu violent sur Poisly. L'artillerie divisionnaire leur répondit énergiquement jusqu'à dix heures, mais elle fut forcée de se retirer un moment sur la route de Lorges, pour faire face à un feu d'écharpe que l'ennemi dirigeait sur l'angle de la forêt de Marchenoir. Aidée par deux pièces de 12 de la réserve, elle éteignit bientôt ce feu et reprit sa position primitive. La 3e division du 17e corps se portait alors sur Cravant, en avant duquel l'ennemi avait disposé des batteries qui ne purent l'arrêter... »

Avec la même précision que le général en chef pour les divisions, le général Deflandre avait assigné son rôle à chaque corps de troupe. Sur la gauche, le 1er bataillon de chasseurs était chargé de garder et d'appuyer les batteries opérant contre Villermain. Tandis qu'une compagnie restait en soutien, trois autres étaient déployées en tirailleurs. Comme les feux diagonaux des batteries allemandes, de Villermain et de Cravant, causaient à la division de grandes pertes, le général ordonna aux chasseurs de tâcher d'enlever la batterie de Villermain, pendant que le gros de la division agirait sur Cravant et sur le petit bourg de Layes qui se trouve à l'ouest du village.

Les chasseurs marchèrent résolument à la baïonnette; mais les pièces à enlever étaient trop éloignées : le bataillon, opérant seul, ne put pas s'aventurer jusqu'à quinze cents mètres. Force lui fut de s'arrêter à mi-chemin, sur la grand'route. Profitant là des abris naturels que fournissent les talus, les fossés, le bataillon entretint avec avantage la fusillade, inquiétant l'artillerie qu'il obligea de changer ses positions. Ce résultat était d'ailleurs assez chèrement acheté. Cent cinquante hommes restèrent sur le terrain. Les sous-lieutenants Guettard et Casabianca furent tués. Le capitaine Korneprobst reçoit une balle en pleine poitrine. Sont également blessés les sous-lieutenants Fidèle et Rayer.

Cependant, tout à fait à droite, le général de Jouffroy d'Abbans lançait le 45e de marche sur Cravant, avec une batterie de douze et une section de mitrailleuses. Confiant dans la vigueur déjà éprouvée du colonel Didier pour bien mener l'action de l'aile droite, le général Deflandre, laissant en réserve un bataillon de chaque régiment, s'était chargé de diriger en personne sur Layes les mobiles du Lot, en liaison, à droite, avec le 45e, et, à gauche, avec le 46e de marche.

Malheureusement, sur un terrain amolli par la neige de la dernière nuit, les batteries d'attaque se mouvaient avec peine : elles ne purent lutter plus longtemps contre les batteries fixes de Cravant. Mais le colonel Didier ne désespère pas d'enlever seul le village de vive lutte. Après avoir essayé de débusquer les Bavarois par une forte ligne de tirailleurs, il forme les réserves du 45e en deux colonnes d'attaque, qui marchent la baïonnette en avant. Elles abordent hardiment la position, faisant subir à l'ennemi de grandes pertes. Mais la grande supériorité des Allemands a consisté, en 1870, dans leur promptitude à se secourir mutuellement.

« Vers onze heures, sur l'ordre du grand-duc de Meklembourg, dit le grand état-major prussien, le général de Wittich, se couvrant de la 43e brigade et de la 4e division de cavalerie venue de Villermain, dirigeait le reste des troupes de la 22e division prussienne sur Cravant, où, quelques instants après une heure, elles donnaient la main à l'aile droite du 1er corps bavarois, très chaudement engagé depuis longtemps. »

Sous les coups de ces troupes fraîches, les victimes tombent à foison dans les rangs français. Les batteries de Cravant tirent à mitraille, tandis que, de Villermain, quelque harcelés qu'ils soient par les chasseurs, les artilleurs prussiens font pleuvoir des obus qui prennent de flanc le régiment. Il est obligé de se replier, en laissant sur la place quatre cents morts ou blessés.

Or, les deux autres régiments continuaient leur marche vers Layes. Sur un terrain glissant, les mobiles du Lot allaient cependant en bataille, se sentant les coudes, comme de vieilles troupes. Derrière eux l'état-major suit à courte distance, le général, avec sa haute taille et du haut de son cheval, surveillant de près, dans la clarté polaire de cette grise et triste journée, les moindres incidents de la marche en avant. Nul doute que le vainqueur de Brou, s'il avait pu contempler ce spectacle, n'eût oublié l'inexpérience de ces recrues et qu'il n'eût hésité à les stigmatiser plus tard devant l'histoire.

Pourtant, les batteries allemandes de Cravant, après avoir décimé le 45e, viennent aussitôt entamer les rangs des mobiles et les faire hésiter un instant. Vivement, le lieutenant-colonel Vigouroux fait opérer à son 1er bataillon une conversion à droite, afin de tenir tête à l'adversaire inattendu. Ce mouvement heureux protège en effet le 3e bataillon. D'ailleurs le général Deflandre s'est aperçu du mouvement d'hésitation des mobiles; il laboure les flancs de son cheval, et, suivi de ses officiers, s'élance en avant du front d'attaque. « Soldats, crie-t-il, si vous ne savez pas marcher à l'ennemi, je vais vous montrer le chemin !

— Allons, les mobiles ! s'écria le colonel Burr-Porter. Il faut venger vos frères. En avant, et vive la France ! » Après avoir prononcé ces paroles, le généreux étranger tomba pour toujours, frappé en pleine poitrine par un éclat d'obus.

Le général Deflandre lui-même reçoit une balle dans la cuisse. N'importe ; comme insensible à tout, il va toujours, se tournant seulement pour stimuler et exciter les hommes. De fait, il les entraîne jusque dans Layes, où les deux bataillons du 46e, participant brillamment à l'attaque, pénètrent en même temps de leur côté.

Certes, on a semé du monde en chemin. Dans les champs de Cravant, au lieu des belles moissons dorées de l'été, piquées de coquelicots et de bleuets, la neige comble à demi les sillons, que des moblots bleus arrosent de sang. Ils se plaignent, râlent ou déjà sont blêmes. Mais, là-bas, leurs camarades sont victorieux : ils ont fait une centaine de prisonniers. Le 46e en a capturé autant, et, jusqu'à 4 heures du soir, les quatre bataillons, de leur position avancée, inquiètent d'un côté les batteries de Villermain et de l'autre celles de Cravant. A ce jeu, il est vrai, lés munitions s'épuisent.

Le général Deflandre est toujours là, malgré sa blessure. Sa pointe hardie et heureuse a eu cependant pour effet de laisser un vide entre le 21e corps et le 17e : les réserves de sa division, surtout après l'écrasement du 45e, seraient sans doute impuissantes à repousser l'effort de la cavalerie prussienne, qui, au travers du voile de brume, apparaît à l'ouest. Comme couronnement de son fait d'armes, la colonne de Layes ne sera-t-elle pas entourée, cernée, et, la dernière cartouche brûlée, faudra-t-il capituler, se rendre à merci et devenir des prisonniers en perdant les deux cents qu'on a faits ?

En proie à la douleur cuisante de sa blessure, sollicité par la bizarre impression du froid qui pénètre dans sa chair trouée, le général Deflandre, droit sur son grand cheval, garde toute sa netteté d'esprit, montre un grand calme. Il conserve encore sa vigueur d'autrefois et toute la rectitude de son jugement. Autant il a été hardi et impétueux dans l'attaque, autant il saura se maîtriser quand le danger lui apparaîtra comme impossible à vaincre. Si d'autres troupes du corps d'armée avaient pu enlever Cravant, tout autre eût été la situation. Mais les efforts de la 2e division ne parvinrent qu'à la maintenir à Cernay, petit village qui en est distant d'un kilomètre.

A quatre heures donc, le général donna l'ordre d'abandonner le petit bourg si durement conquis. Ce mouvement, malgré le redoublement d'attaque de l'adversaire, s'exécuta méthodiquement, sans précipitation, sans désordre. Les sections de mitrailleuses, qui n'avaient pu opérer utilement avec le colonel Didier, protégèrent plus efficacement la retraite. Quand toute la division eut repris son alignement et sa liaison avec les troupes qui luttaient à droite et à gauche, les mêmes mitrailleuses continuèrent d'appuyer de leur feu l'action du 21e corps, dont un régiment avait pris position à la ferme de la Motte assez rapprochée des lignes ennemies.

Les pertes totales, pour la colonne de Layes, étaient sensibles. Le 46e, le moins atteint, comptait quatorze tués, cinquante-sept blessés, parmi lesquels les capitaines Faure et Nortet, les lieutenants de Bassompierre, Brosse, Ladrey et Chaudruc de Crazannes. Les mobiles, eux, avaient perdu deux cent cinquante hommes. Au nombre des blessés étaient le lieutenant-colonel Vigouroux, les capitaines Lallemand, Maury et de Tulle, lequel mourut peu après.

L'ennemi avait lui-même été trop éprouvé, pour oser gagner du terrain. Nos blessés purent être recueillis. Les plus valides furent évacués vers l'arrière. D'autres trouvèrent asile dans les villages environnants. Le colonel Burr-Porter semblait respirer encore, quand on le transporta au presbytère de Josnes; mais, malgré les soins qui lui furent prodigués, il devait expirer, le 10 décembre, sans avoir repris connaissance.

X

Cependant, la nuit était venue. Quelques décharges de bataillon, du côté de Villermain, déchirèrent l'air, en écho au grincement des mitrailleuses, et jetèrent dans l'obscurité une large lueur d'éclair; puis le silence se fit sur ce point du champ de bataille, complètement rentré dans l'ombre. Selon toute probabilité, la journée, par ici, était finie. Les troupes de la division Deflandre occupaient à peu près leurs positions du matin : elles n'avaient reculé que sur le terrain qu'elles avaient d'abord conquis.

Depuis quatre heures qu'il avait senti le plomb prussien pénétrer dans sa chair, le général n'avait pas quitté sa selle, ni voulu être pansé. Son abnégation, l'oubli de soi-même, avait atteint les limites de ses forces et de sa volonté, juste au moment où sa présence cessait d'être nécessaire. Il se décida donc à remettre le commandement de la division au général de Jouffroy d'Abbans, chef de la 1re brigade, et il en fit rendre compte à l'état-major du corps d'armée.

Le chef d'état-major, colonel Forgemol, désira prendre lui-même des nouvelles de celui qu'en huit jours il avait appris à estimer et à aimer : le général Deflandre n'était plus à son quartier général : il avait été dirigé sur la petite ville de Mer; mais on affirma au colonel que la blessure avait belle apparence et serait probablement sans gravité. Par l'héroïsme dont il avait fait preuve en refusant si longtemps d'abandonner son poste et de mettre pied à terre, le général avait contribué à faire considérer son mal comme insignifiant. D'ailleurs, en sa jeunesse, il avait été atteint à peu près de la même manière, et, sur pied quelques jours après, il avait repris la campagne. Doux et calme, courageux simplement, il avait réellement l'espoir d'en être quitte à aussi bon compte qu'autrefois. Il sut, sans nul doute, inspirer la même confiance à sa femme, accourue près de lui à Tours où il avait pris son dernier gîte.

Mais, à la Macta, en juin 1835, il avait vingt-deux ans; il était simple sous-officier, tout jeune donc et sans souci. Seule la gangrène pouvait être à craindre, et il y avait échappé. En 1870, un autre mal le guettait, mal terrible, pour ainsi dire invincible. Souvent ce mal survient à la suite d'impressions vives et tristes, ou de fatigues prolongées, ou sous l'action d'un froid extrême et surtout comme conséquence de plaies insuffisamment débridées. Pour le général Deflandre, tout avait donc concouru à l'apparition de cette horrible maladie, le tétanos. Préoccupations graves, surmenage intellectuel et physique, froid intense, rien ne lui avait été épargné, et, en négligeant de se faire soigner, il s'était en quelque sorte condamné lui-même à mourir, et de quelle mort !

La générale, sa noble compagne de

vingt-sept années, eut l'affreux spectacle d'un être aimé, immobile, les dents serrées, les membres tendus, déjà rigide comme un cadavre, quoique l'intelligence subsistât. Lui-même, avant le délire de la fin, garda conscience de son état, se vit perdu, sans autre moyen de révéler sa lucidité d'esprit que par une lueur plus ou moins vive dans ses yeux fixes, enfoncés. Et il mourut ainsi, trente-trois jours après avoir reçu sa blessure, le 10 janvier 1871.

Parmi ceux qui l'avaient connu, la nouvelle de sa mort se répandit peu à peu, leur causant quelque tristesse, car il était sympathique et bon; mais elle n'inspira guère rien de plus. Tant de temps s'était écoulé depuis les glorieux et lointains faits d'armes de ses débuts, tant d'officiers improvisés avaient été insuffisants en 1870, qu'à personne il ne vint la pensée que le héros avait pu reparaître, — au bout de trente années de services modestes et silencieux, — dans le gendarme Deflandre. Or le récit exact et sincère de son court généralat démontre que cet homme fut digne d'estime et d'admiration, et, par conséquent, sa mémoire mérite d'être honorée et glorifiée.

Indépendamment du culte qu'il faut rendre aux hommes de génie, il est aussi juste et bon de se souvenir de ceux qui, d'un esprit plus modeste, sont parvenus cependant, par leur droiture de jugement, par leur exactitude au devoir, par la fermeté de leur caractère, à se montrer toujours égaux à leur tâche, et qui ont su, dans les circonstances où le sort les a placés, se sacrifier simplement et sans phrases. Ces qualités, étant dépendantes de la volonté, sont à la portée de chacun. Ainsi peut donc se résumer la philosophie sociale de tout honnête homme et en particulier du soldat qui n'aspire pas au rôle suprême. Telle paraît avoir été celle qu'a noblement pratiquée le général Pierre Deflandre.

FIN

de

DEFLANDRE & SONIS

APPENDICE

APPENDICE

Gloria nostra est testimonium
conscientiœ nostrœ.
SAINT-PAUL. *Epist. ad Corinth. II.*

L'étude qui précède a paru, pour la première fois, au mois de Décembre 1892, dans la *Nouvelle Revue*. Peu de temps après, Mgr Baunard, recteur des Facultés catholiques de Lille, faisait mettre en vente une nouvelle édition de la vie du *Général de Sonis*, avec cet avertissement :

« Dans cette nouvelle édition, nous avons cru devoir donner un récit plus circonstancié des opérations militaires qui s'accomplirent autour de Châteaudun et dans la journée de Loigny, durant le commandement du 17ᵉ corps par le général de Sonis.

« Ce récit plus complet, basé sur les documents les plus autorisés, a été nécessité par des appréciations de plus ou moins de conséquence sur les mêmes événements, lesquelles d'ailleurs trouveront leur réfutation dans l'*Appendice* placé à la fin du volume. »

C'est avec une vive satisfaction que j'ai constaté, tout d'abord, que les remaniements apportés au texte du livre avaient eu pour effet, sinon pour but, de ménager la mémoire du général Deflandre, fort maltraité dans les précédentes éditions. Certains passages cités dans mon étude ont disparu ou se sont transformés. Mgr Baunard, sans s'en vanter, s'est donc associé à mon œuvre de réhabilitation, atténuant, s'il ne les répare pas tout à fait, les injustices de son héros.

La réparation ne va pas sans réticences, il est vrai, et elle en est maladroite.

« Hâtons-nous de dire cependant, a bien voulu déclarer Mgr Baunard, que le général Deflandre, que nous voyons ici hésiter et demander des ordres, était un officier justement estimé dans l'armée, et qui mourut plus tard des suites des blessures reçues dans cette campagne. »

... « Il n'y a qu'une justification pour le 48e de marche, écrit-il ailleurs, et celle-là est la bonne ; c'est qu'il a noblement réparé sa faute ou son erreur dans les combats suivants. »

..... « Dans la journée même du 2 décembre, le 51e de marche, ajoute-t-il enfin, avait eu 8 officiers et 265 hommes hors de combat à Villepion (sur 2 bataillons). Ce même régiment se réhabilita ensuite par sa conduite dans les combats livrés autour de Cernay, du Mans... »

De tout quoi il résulterait que ces braves gens, sans contredit estimables, attendaient malignement, pour bien agir, de n'être plus commandés par le général de Sonis ? — Pour quiconque a fait de la science du commandement le sujet de ses méditations, il y a une toute autre conclusion à tirer de telles déclarations arrachées à des panégyristes enthousiastes !

Quoi qu'il en soit, Mgr Baunard m'a personnellement bien malmené dans l'appendice de sa dernière édition. C'est du reste la reproduction d'une longue diatribe, adoucie dans la forme, mais au fond tout aussi perfide, qu'il m'avait consacrée dans l'*Univers* du 15 août 1892. Mon crime est de m'être fait l'éditeur responsable du *Journal d'un Sous-officier-1870*, dont l'auteur a cru remarquer quelque prédilection à l'égard des zouaves pontificaux de la part du général de Sonis.

Il me paraît superflu de revenir sur ce point. Quelques autres détails sont pareillement négligeables.

Ainsi, M. Henri Derély, ancien capitaine aux zouaves pontificaux, aujourd'hui l'allié de Mgr Baunard, a, dans une brochure très chaudement écrite, chicané l'auteur du *Journal* sur le nombre de kilomètres parcourus par le 17ᵉ corps le jour du combat de Brou. Après quoi il s'écrie, sans s'apercevoir qu'il glisse, sous des fleurs de rhétorique, une critique amère :

« Qui était donc et d'où venait *ce Général pour qui l'impossible n'existait pas*, qui,

« mesurant les autres à sa taille, ou plutôt, « selon le mot du poète, armant de son âme « l'âme de ses soldats, obtenait *d'un trou-* « *peau de conscrits de tels miracles de jarret ?* »

Pour confondre l'auteur du *Journal*, tout est bon, d'ailleurs.

« Il faut, dit encore M. Derély, avoir mal « lu la sténographie des dépositions devant « la commission d'enquête, pour oser affir- « mer que, « d'après son propre récit, » le « général crut avoir relevé toutes les troupes « du 16e corps. »

Or les paroles du général de Sonis laissent si peu de doute à ce sujet, qu'il communiqua son illusion à tous les membres de la commission. Du nombre était le général d'Aurelle de Paladines, qui souscrivit aux termes du rapport de M. Perrot, ainsi conçu :

« Au centre, toutefois, la position, loin « de s'améliorer, semblait empirer de mo- « ment en moment, et le général de Sonis, « y accourant de sa personne, y trouva

« deux régiments qui, renonçant à la lutte,
« commençaient à lâcher prise de la façon
« la plus fâcheuse. Il comprit, *a-t-il dit*,
« qu'il y avait là un grand péril et pour
« son artillerie, qui allait rester sans sou-
« tien, *et pour tout le 16e corps*, qui, reporté
« en arrière dans un certain désordre, n'of-
« frait plus d'éléments de résistance capa-
« bles de soutenir la retraite.... »

Mgr Baunard a donc été plus imprudent que sévère, en écrivant dans l'*Univers* :

« Lui, l'Africain (Sonis), après vingt ans
« de vie militaire, ignore par exemple cette
« chose élémentaire, qu'une seule brigade,
« avec son faible effectif, ne peut suffire à
« relever de son poste de combat toutes les
« troupes d'un corps d'armée ! Il faut que
« le volontaire de trois mois vienne s'éton-
« ner de tant de bonne foi et lui faire la
« leçon ! »

***

Ailleurs, mes contradicteurs ont nié l'exactitude du récit montrant le général de Sonis à la tête du petit groupe des zouaves, avec son état-major, et tombant frappé par un soldat prussien qui, du bois Bourgeon, se serait porté seul vers lui. Selon M. Derély, le général se tenait, au contraire, en arrière des troupes, ce qui, logiquement, impliquerait qu'il reçut sa blessure à distance. Or, voici les propres termes du général, tels que les rapporte Mgr Baunard :

« Ces braves enfants se précipitèrent vers « moi ; tous voulaient courir à la mort. J'en « pris trois cents... J'avais à ma droite le co- « lonel de Charette, à ma gauche le comman- « dant de Troussures... Je restai à la tête des « zouaves pontificaux... Je ne voulus point « me déshonorer en abandonnant ces trois « cents zouaves qui marchaient avec moi, et « qui ne m'auraient jamais pardonné ce « crime... La plupart de ces héros tombè- « rent à mes côtés... Moi-même je fus blessé « d'un coup de feu à la cuisse, tiré à bout « portant. »

A bout portant, c'est le général qui l'a dit. Il a ajouté que deux de ses officiers l'allongèrent par terre, la tête sur sa selle. Mais il ne voulut pas les garder auprès de lui : « C'eut été les livrer aux mains de l'armée « prussienne, qui se portait en avant à la « poursuite de nos troupes. » Par tous ces détails se justifie donc, se vérifie, la version du *Journal d'un Sous-Officier*. Car comment expliquer que le général ait été fusillé à bout portant et que ses aides-de-camp aient eu le temps de lui donner des soins, s'il n'avait été frappé par un soldat isolé ?

Notons, en passant, que le général de Sonis, qui avait en outre avec lui cinq cents mobiles et francs-tireurs, ne pense nullement à eux au moment du sacrifice suprême. C'est pour ne pas abandonner les trois cents zouaves qu'il renonce à aller rallier la division Deflandre. Les survivants, une centaine, et les zouaves du bataillon qu'il n'avait pas voulu emmener seraient des ingrats s'ils ne lui gardaient une reconnaissance éternelle ; mais d'autres troupes du 17e corps, composées de bons Français aussi, accusés à la légère, peuvent à bon droit regretter qu'il ait moins fait pour leur honneur.

Peu importe d'ailleurs que le malheureux volontaire se soit rencontré, dans ses appréciations, avec des hommes de guerre comme le général Ambert. Mgr Baunard le raille impitoyablement :

« Sonis n'a plus désormais qu'à se dé-
« mettre, entre les mains de son sergent, de
« sa gloire de commandant du 17e corps
« d'armée. »

L'ambition de ce sous-officier était plus modeste. Il voulait simplement établir que son régiment n'a pas pu fuir, dans une bataille où on a oublié de le faire avancer. Mais telle est l'indignation de Mgr Baunard, qu'on démêle difficilement s'il a été ou non convaincu.

« Ce sous-officier, hélas ! eut le malheur
« d'appartenir au 48e régiment de marche,
« un des deux régiments à qui M. de Sonis
« adresse, dans ses papiers, le reproche de
« n'avoir pas marché devant Loigny...
« Le narrateur aurait pu peut-être discul-
« per son régiment, s'il est vrai que l'ordre

« d'avancer ne lui est pas parvenu. Il a « préféré le venger. »

« Si Sonis crut voir le 48e participer à la « reculade du 51e, c'est qu'apparemment il « avait des raisons pour le savoir là. »

Ceci est de M. Derély qui, plus loin, badine ainsi :

« Heureusement, il y avait, au 48e de « marche, un sergent-fourrier à qui l'on « n'en fait pas accroire. »

Recherchons cependant la vérité dans les documents fournis par le général de Sonis lui-même.

« La nuit arrivait,— a-t-il déclaré verbale- « ment le 10 août 1871,— lorsqu'on vint me « dire : — Votre centre se replie. — Je me « portai au fort de l'action, où se trouvaient « deux régiments de marche d'un effectif « considérable, le 48e et le 51e ; je me portai « vers l'un d'eux et je l'exhortai de toutes « mes forces... Mes paroles furent vaines. « Tout le monde fuyait. »

Ici, on le voit, point de restrictions. Le 48e était là, et tout le monde fuyait. Mais, dans un rapport écrit, produit par Mgr

Baunard et par M. Derély, le général se serait exprimé ainsi :

« Je plaçai immédiatement en ligne les « bataillons du 51e et du 48e. Deux batail- « lons de ces régiments, formant la 2e ligne « de la brigade, ainsi que le 10e bataillon « de chasseurs à pied, qui avaient appuyé « à droite, ne répondirent pas à mon appel, « et restèrent à Terminiers. »

Voilà déjà une atténuation sensible, et, en effet, plus loin, le général ajoute :

« Je me portai vers le 51e de marche qui « battait en retraite. »

Mais du 48e il n'est plus question. Personne n'en parle plus, parce qu'en fait jamais il n'a été là où le général en chef avait cru le voir d'abord.

Il est donc permis de dire, avec M. Derély, mais sans ironie, qu'il est heureux, pour les compagnons d'armes du sergent-fourrier du 48e qu'il n'ait pas voulu accepter un stigmate imposé à la légère. Cet infime personnage peut répondre à Mgr Baunard que, si ç'a été un malheur d'appartenir à un régiment flétri par le général de

Sonis, ce n'est pas une honte, puisque le général a flétri à faux, ne sachant plus quelles troupes il avait emmenées avec lui.

A vrai dire, le capitaine Derély, moins incrédule que Monseigneur, a, le premier, admis loyalement la version du *Journal d'un Sous-officier*. Seulement il s'est empressé de déplacer la question.

« Il n'y avait de disponible, dit-il, que le « 48e de marche, laissé à Terminiers par la « 2e division. Pourquoi s'y trouvait-il en- « core, malgré l'ordre de marcher au canon « que lui avait porté un aide-de-camp de « Chanzy ? — Mon Dieu, messieurs, le « général Charvet lui avait dit de rester là ; « il restait là, attendant les instructions de « son commandant de brigade... tombé aux « mains de l'ennemi. — Eut-il tort ? — « Question souvent débattue et que les « faits seuls peuvent éclairer. C'est surtout « à la guerre que la lettre tue. Le même « scrupule retint Grouchy loin du champ « de bataille de Waterloo ; et c'est pour

« s'être affranchi de ce scrupule, que Mac-
« Mahon porte un nom de victoire. »

Ouvrons une parenthèse, pour remarquer :

D'abord que M. Derély, à l'exemple du général de Sonis, oublie, comme troupes disponibles, le 3e bataillon du 51e, le 10e bataillon de chasseurs, et, de plus, semble-t-il, le sien propre, dont il a écrit : « J'étais de ce bataillon qui, sans brûler une cartouche, parcourut le terrain à la queue des canons..... Je n'ai été, je le répète, ni acteur, ni témoin dans ce drame ; »

Ensuite, que le général Chanzy n'avait pas autorité, le 2 décembre, sur les troupes du 17e corps ;

Et qu'enfin la prise du général Charvet fut ignorée jusqu'au soir.

Cela dit, le triste exemple de Grouchy et la glorieuse évocation de Magenta ne sont pas applicables ici. La marche au canon est une théorie stratégique, à l'usage des généraux seulement. Il n'appartient pas à un chef de corps de la pratiquer. Le 2 décembre 1870, quand le 48e fut envoyé à Terminiers, son colonel avait au-dessus de lui, sans parler du général d'Aurelle, quatre officiers généraux. Le général Charvet, commandant la brigade, le général du Bois de Jancigny, commandant la division, le général de Bouillé, chef d'état-major du 17e corps, et enfin le général de Sonis, lequel disposait d'un nombre suffisant d'aides-de-camp. Le lieutenant-colonel Koch, commandant le 48e, pouvait-il se croire en droit d'agir de sa propre initiative, au mépris de tant de chefs directs qui avaient le devoir de lui donner des ordres ?

Tout juge impartial reconnaîtra que le 48e de marche doit être mis hors de cause, en cette affaire. Devant cette constatation, l'auteur du *Journal d'un Sous-officier*, quelques sarcasmes qui lui aient été prodigués, ne saurait nourrir aucun remords. Là, cesse pour lui, l'intérêt de la discussion.

Le droit de l'écrivain devait-il aussi s'arrêter là ?

Le sous-officier a-t-il fait preuve d'indiscipline, en cherchant à lire dans l'âme de son général en chef ? L'a-t-il en tout cas jugé témérairement ?

Voici les termes du *Journal* :

« Après les malheurs de la patrie, qui « apparaissaient comme irréparables à bien « des gens, s'immoler à elle, au milieu des « zouaves pontificaux, cette pensée, ce rêve « d'un Français chrétien, s'était emparé « irrésistiblement du général de Sonis et « sembla l'avoir frappé de vertige. Telle est « la vérité. »

Et voici comment s'exprimait le général de Sonis dans le document dont Mgr Baunard et M. Derély viennent de nous donner un extrait :

« Je ne voyais pas paraître la 3e division, « que j'avais envoyé chercher... Je ne vou- « lus point me déshonorer, et je me sentis « fort pour le sacrifice que j'allais accom- « plir, du consentement des 300 braves qui « m'entouraient. Ils s'appelaient les soldats « du Pape, et il me parut bon de mourir « sous le drapeau qui les abritait. Tous

« ensemble nous poussâmes un dernier cri : « Vive la France ! Vive Pie IX ! C'était « notre acte de foi. »

Entre le rapport du général et le journal du sous-officier, où est la différence ?

Avant de finir, il faut encore ajouter un mot au nom de l'auteur du *Journal*, car il s'est vu reprocher vivement d'avoir dérobé sa personnalité au public. « Le réquisitoire « est anonyme, il est vrai, » a dit M. Derély, — « ce qui n'est pas fait, » s'est écrié Mgr Baunard, « pour ajouter à sa créance. »

À MONSEIGNEUR BAUNARD

*Puisque, — comme vous l'avez remarqué, Monseigneur, — je n'ai même pas hésité à signer ce réquisitoire — bien modéré, — que vous importe de savoir le nom de l'*enfant, *du* Gascon, *du* Toulousain, *qui l'a écrit, pour employer vos expressions dédaigneuses, quoique, à vrai dire, je ne sente pas la honte d'être* toulousain !

Ce n'est pas pour mentir à l'aise qu'il a voulu se cacher, vous le savez bien. Je ne dirai pas non plus que c'est par modestie, car ce serait en manquer pour lui. Ayant simplement fait, en 1870, ce que tant d'autres devaient faire et ce que tant d'autres ont fait, il a pensé qu'en taisant son nom il généralisait en quelque sorte son ouvrage et qu'il rendrait ainsi un faible hommage à une génération qui a beaucoup souffert et qui a été trop calomniée. Pourquoi lui en faire un grief, puisque j'étais là pour recevoir vos coups?

Pourtant, je n'y répondrai plus. Vous m'avez poussé à m'exprimer sur le compte du général de Sonis plus vivement que je ne l'aurais désiré. Presque autant que vous, j'apprécie les sentiments religieux qui l'animèrent; tout autant que vous, j'admire l'ardent patriotisme qui l'amena devant nos envahisseurs et le fit s'élancer sur eux à corps perdu: mais j'ai dû signaler les erreurs qu'il me semble avoir commises au détriment d'autrui et que vous aviez aggravées dans les premières éditions de votre ouvrage.

Tout ce que j'ai rapporté, je l'ai recueilli sous ma propre et seule responsabilité. Il m'en a bien coûté quelque peine ; mais je ne regrette rien, puisque, en me réservant toute votre sévérité, vous vous êtes déjà montré moins impitoyable pour des morts tels que le général Deflandre, et pour les trois mille six cents inconnus du 48e de marche dont je m'étais porté garant.

Que si vous vous étonniez encore de mon ardeur en tout ceci, si vous exigiez mes titres d'avocat d'office, je ne ferais point difficulté de vous avouer que je l'ai porté au képi, ce numéro 48. Or, interrogez ceux qui ont été appelés à marcher, à souffrir, à servir, en un mot, sous l'une de ces étiquettes qu'impose la défense de la patrie : tous vous diront combien on s'y attache, qu'elle ait été brodée en or ou cousue en laine sur vos habits.

Conscrit, on est fier aussitôt de l'héri-

*tage glorieux des anciens, et de là naissent soudain les sentiments d'émulation qui engendrent l'héroïsme. Cet esprit de corps, si fécond quand il est bien entendu, ne s'éteint jamais. Longtemps après le retour au foyer, nul ne pourra, j'en suis sûr, revoir flotter tout à coup le drapeau au numéro de son régiment, sans tressaillir, sans être ému, sans pleurer peut-être, et, la neige des ans venue, qui est-ce qui ne s'enorgueillit encore en apprenant que de belles pages ont été ajoutées à l'*historique *par les derniers enrôlés, par cette sève nationale qui périodiquement reforme cette unité régimentaire où l'on compta jadis ? .*

Et vous voudriez, Monseigneur, que l'on restât insensible à un blâme qui a flétri sans motif le numéro que l'on a honorablement porté ? Mais n'y a-t-il pas un devoir absolu à protester, au contraire, dès que l'on sait qu'il n'y a pas eu de faute commise et que par conséquent la flétrissure fut imméritée?

AMÉDÉE DELORME.

Février 1893.

NOTE

Dans cette brochure, je ne me suis pas occupé du 51e régiment de marche, parce que son avocat naturel, son ancien chef, le colonel Thibouville, vit toujours. Il parlera, à son heure.

En attendant, on pourra trouver une appréciation impartiale des incidents de la bataille de Loigny, dans le monument historique que la librairie Garnier vient d'élever à l'honneur des troupes de la défense nationale : *L'Armée de la Loire*, par Grenest.

Cet anagramme voile à peine la personnalité sympathique d'un ancien officier de l'héroïque Armée du Rhin. Aussi l'hommage rendu aux soldats improvisés de 1870, au bout de longs travaux, de studieuses recherches et après mûre réflexion, a-t-il une valeur toute spéciale. Il est bon de pouvoir l'opposer au jugement sévère et sommaire porté jadis par le général de Sonis.

« Nous avons, pour notre part, écrit en terminant M. Grenest, assisté aux grandes batailles de Metz ; eh bien ! quand nous voulons envisager l'avenir avec confiance, ce n'est pas à l'Armée du Rhin que nous nous reportons par la pensée, c'est aux armées de la défense nationale et avant toute autre, peut-être, à l'*Armée de la Loire.* »

FIN

TABLE DES MATIÈRES

Grande Imprimerie du Centre. — Herbin, à Montluçon.

CATALOGUE
DES LIVRES DE FONDS
De la Librairie Militaire Edmond DUBOIS

18, RUE DES GRANDS-AUGUSTINS, PARIS.

Adamistre (*anc. Capitaine de Francs-Tireurs*). Campagne de 1870-71. Le Pont de Fontenoy. Episodes de la guerre de partisans dans les Vosges. Récit des opérations du corps Franc, Avant-Garde de la Délivrance. In-8, carte et croquis. 2 fr.

Augoyat (*Lieutenant-Colonel*). Relation de la défense de Torgau par les troupes françaises en 1813, sous les généraux comte de Narbonne et comte du Taillis. *Paris, Leneveu*, 1840, in-8 br. 1 plan. 3 fr.

Les troupes francaises renfermées dans Torgau en 1813 ont supporté de grandes privations et ont été atteintes d'une épidémie qui faisait dans leurs rangs des ravages effroyables, tels que l'histoire des calamités humaines en offre peu d'exemples. Néanmoins ce siège est un de ceux qui, par leur longue résistance, a honoré le plus la bravoure du soldat français. Il faut lire ces belles pages de notre histoire pour y trouver le vrai patriotisme du soldat, mourant de faim, de maladie ou de misère, sur une terre étrangère, mais tenant bon quand même.

Aymonino (*Carlo, Capitaine d'Etat-Major*). Considérations militaires stratégiques sur les chemins de fer italiens, traduit de l'italien par le capitaine de Malifaut ; 3ᵉ édit. 1889, in-18. 1 fr.

N° 2 *bis* de la Bibliothèque d'art et d'histoire militaires.

Azémar (*Le Colonel d'*). Avenir de la Cavalerie. Examen technique des ouvrages publiés sur l'ordonnance du 6 décembre 1829. Tactique des trois armes dans l'esprit de la nouvelle guerre par le baron d'*Azémar*, Colonel du 6ᵉ Régiment de Lanciers, auteur du Système de guerre moderne. 2 vol. in-8. 6 fr.

M. le major Ferdinand de Lacombe, un de nos écrivains militaires les plus distingués et les plus estimés, dit, en parlant de l'ouvrage de M. le Colonel d'Azémar : « *C'est un des meilleurs livres qui aient été écrits sur l'art militaire.* »

Beaujour (*le Baron de*). De l'expédition d'Annibal en Italie, et de la meilleure manière d'attaquer et de défendre la Péninsule Italienne. *Paris*, 1832, in-8, avec carte. 3 fr. 50

Bertrand (*le Docteur*). Campagne d'Italie en 1859 ; 2ᵉ édition. 1860. in-12. (Publié à 3 fr.) 1 fr.

Bibliothèque de Topographie alpine : 1° Guerre offensive et défensive de la France contre le Piémont, et du Piémont contre la France, par le Lieut.-Général de Bourcet, mémoire militaire par d'Aguilton. In-8, avec carte. 3 fr.

2° **Mémoire concernant les frontières de France,** Savoie et Piémont, par De La Blottière, *Maréchal de Camp*, annoté par M. Henry DUHAMEL. In-8, avec 2 plans et carte. 5 fr.

Bouillé, (*général en chef de l'armée de Meuse et Moselle en 1790 et 1791*). Essai sur la vie du Marquis de Bouillé, par René de Bouillé. *Paris*, 1853, in-8 br. (8 fr.) 4 fr. 50

Guerre d'Amérique. Prise de St-Domingue. Révolution. 1re émigration. Opérations de l'armée de Meuse, Sarre et Moselle. Fuite de Louis XVI. L'émigration. Plans d'opérations pour une descente sur les côtes de France. Campagne à l'armée de Condé. Vendée.

Bourqueney (de, *Capitaine au 25e Dragons*). Historique du 25e Régiment de Dragons, 1665-1890. Bourgogne-Cavalerie, 16e de cavalerie. Beau vol. gr. in-8 carré, avec 10 planches d'uniformes en coul., par Grammont. Portraits et autres grav. 20 fr.

Superbe édition de luxe, tirée à un très petit nombre d'exemplaires.

Braquehay (Auguste). Le Général Baron Merles, 1766-1830. Notice biographique. 1893, in-8, avec portrait. 3 fr.

Ouvrage honoré d'une souscription du ministère de la guerre.

Bruté de Rémur (*le Capitaine d'Etat-Major*). La défense des Vosges et la guerre de montagne. In-18. 1 fr.

N° 5 de la Bibliothèque d'art et d'histoire militaires.

Bruté de Rémur (*Capitaine d'Etat-Major*). Les Vosges en 1870-71 et dans la prochaine campagné. Beau vol. in-8 carré, avec carte et croquis. 4 fr.

Bugeaud (*le Maréchal*). Instructions pratiques pour les troupes en campagne. *Paris*, in-18. 2 fr.

Caillé (*anc. chef de bureau au Ministère de la Guerre*). Le Colonel Denfert-Rochereau et le siège de Belfort, 1870-71. Beau vol. in-8, avec plans. 4 fr.

Campredon (*de, Ministre Plénipotentiaire*). Mémoire sur les négociations dans le Nord, sur ce qui s'est passé de plus important et de plus secret pendant le cours de la guerre de vingt années, dont cette partie de l'Europe a été agitée de 1699 à 1719. *Paris*, 1861, in-8, papier de Hollande. 3 fr.

Carnot (*lieutenant Sadi*). Le drapeau du 27e régiment d'infanterie. 1890, gr. in-8, avec planche en couleur et cartes. 3 fr.

Carnot. La fusion des partis. Mémoire adressé au roi en juillet 1814. Broch. in-12. 1 fr.

Cassagnac (*Paul de*). La journée de Sedan devant la Cour d'assises de la Seine. Procès *Paul de Cassagnac*, audiences des 12, 13 et 15 février 1875. Compte-rendu publié par *le Gaulois*; in-18. 0 fr. 50

Cavelier de Cuverville. Cours de tir. Etudes théoriques et pratiques sur les armes portatives. *Paris*, 1864, fort vol. in-8, avec 15 planches. (Publié à 16 fr.) 6 fr.

Chanal (*le Général de*). L'armée américaine pendant la guerre de la sécession. Beau vol. in-8 de 300 pages et 6 planches. (Publié à 7 fr. 50). 3 fr. 50

Ouvrage dont un fort petit nombre d'exemplaires furent livrés au commerce. Cet ouvrage outre qu'il renferme un grand nombre de renseignements exacts sur cette formidable guerre dont on ne saurait trop recommander l'étude, est le travail le meilleur et le plus complet que nous possédions sur l'armée américaine.

Charette (*le Baron de, lieutenant-colonel des Zouaves*). Souvenirs du régiment des Zouaves Pontificaux. *Rome*, 1860-1870, France, 1870-1871. 1 vol. in-folio oblong, avec 89 portraits. 5 fr.

Tome 2ᵉ seulement, paru plusieurs années après le 1ᵉʳ. (Publié à 20 fr.)

Chesnel (*de*). Dictionnaire encyclopédique des armées de Terre et de Mer. *Bibliothèque du soldat et du marin.* — Machines et engins de guerre, balistique et pyrobalistique, armes de jet et d'ast, armes blanches, armes à feu, stratégie, tactique, fortifications, constructions navales, instruments nautiques, pêche et navigation fluviale et maritime, hydrographie, voyages et découvertes, costumes et uniformes et formation de divers corps de troupes, combats et faits de guerre tant sur mer que sur terre, ligues et traités, administration militaire et maritime, biographie, anecdotes, axiomes, géographie, physique, météorologie, étymologie, technologie, archéologie, gymnastique, natation, équitation, etc., etc., chez tous les peuples et dans tous les temps, par M. A. de CHESNEL, ex-lieutenant-colonel d'infanterie et ancien marin. Illustré dans le texte de 1700 gravures au trait, comprenant les costumes de tous les corps des armées de terre et de mer, depuis les époques les plus reculées, les armes, les armures, engins de guerre, vaisseaux anciens et modernes, fortifications, etc., et les portraits de célébrités militaires et maritimes françaises et étrangères, dessinés par DUVAUX, élève de Charlet. 6ᵉ éd. contenant un *Supplément* par E. DUBAIL, capitaine d'infanterie breveté d'Etat-Major, officier d'Académie, auteur de plusieurs ouvrages de géographie, d'histoire et d'art militaires, etc. 2 vol. gr. in-8 à deux colonnes. (Publiés à 32 fr.). *Occasion.* 15 fr.

Cheverondier (*le Colonel*). La question des remontes, par un homme de cheval. Brochure in-8. 1 fr.

Chodzko (*Léonard*). Histoire des légions polonaises en Italie, sous le commandement du Général Dombrowski. *Paris*, 1829, 2 vol. in-8. 12 fr.

Après le partage de la Pologne, la France devint la patrie adoptive des Polonais exilés en masse. Ils lui jurèrent fidélité, et ils furent fidèles à ce serment. Bien différents en cela de ces peuples transfuges qui insultèrent plus tard au colosse tombé, les Polonais succombèrent en rangs serrés autour de ce drapeau qu'ils avaient juré de défendre. Dresde, Leipzig, Montereau, les sommets de Montmartre, Fontainebleau, l'île d'Elbe, plus tard encore les champs de Waterloo et même les bords de la Loire, furent témoins de leur courageuse persévérance ; et eux aussi peuvent dire avec orgueil : *Nous étions là*

Colman (*cocher de la Reine des Belges*). Soins à donner aux chevaux, 22 années d'expérience. Brochure in-8. 1 fr.

Courtot (*Intendant militaire du 5ᵉ corps d'armée*). Quelques notes sur l'état militaire de la France, de 1730 à 1830. Brochure in-8. 1 fr.

Crozat. *Portrait de soldat.* Le Baron des Adrets, (1512-1588), br. in-18. 1 fr.

Nº 4 de la Bibliothèque d'art et d'histoire militaires.

Dally (*Lieutenant-Colonel*). Les Armées étrangères en campagne, leur formation, leur organisation, leurs effectifs et leurs uniformes, avec 80 gravures hors texte. *Paris*, 1885, 1 vol. in-18, pub. au prix de 5 fr. 2 fr. 50

Dalsème. Simples notions sur l'art de la guerre. *Paris*, 1883, in-8, illustré de 78 vig. 3 fr.

Debos. Etude du cheval. Nouveaux entretiens sur l'art de vaincre les résistances du cheval sans nuire à son organisation, ou du dressage des chevaux difficiles par l'éducation des sens. 1879, vol. gr. in-8. 3 fr. 50

Delorme (Amédée). Deflandre et Sonis (1870-1871). *Paris*, 1893, in-12. 2 fr.

Ouvrage honoré d'une souscription du ministère de la guerre.

Derrien et Weil. La section militaire à l'Exposition de Vienne en 1873. *Paris*, 1874, beau vol. gr. in-8, avec planches et nombr. figures dans le texte. Publié à 16 fr. Occasion. 8 fr.

L'Exposition universelle de 1873 à Vienne méritait d'autant plus d'attirer l'attention des militaires, que la guerre Franco-Allemande venait de soumettre a de terribles expériences les nouveaux engins de destruction et de prononcer un verdict sur la valeur de tel ou tel système ; mais la crise était encore trop rapprochée pour que les différents gouvernements aient eu le temps de transformer leur armement et leur matériel. Le présent livre nous donne une idée précise des armements des armées belligérantes de 1870-71, et rendra de véritables services aux officiers et aux écrivains militaires.

Desprels (*le Colonel*). Les leçons de la guerre. Beau vol. gr. in-8. (Publié à 7 fr. 50) 3 fr.

Ducasse. Les rois frères de Napoléon Ier. Documents inédits relatifs au premier Empire, par le baron Du Casse. I. Le Roi Joseph. II. Le Roi Louis. III. Le Roi Jérôme. Correspondance diplomatique relative à la Hollande pendant le règne de Louis, 1806-1810. *Paris*, 1883, fort vol. in-8, publ. à 10 fr. Occasion. 4 fr.

Dupuy (*Le Commandant* **Raoul**). Historique des régiments de Hussards. Uniformes, armements. 1893, in-18. 3 fr. 50

Dusaert (*Le Capitaine*). Essais sur l'art de la guerre. *Alger*, 1847-1850, 3 vol. in-8 et atlas in-4. (Publié à 24 fr.) 10 fr.

Division de l'ouvrage : L'art de la guerre appliqué au terrain, l'art de la guerre dans les écrits. du plan de campagne, du but géographique d'arrivée, du point de départ, critique du général Jomini ; appréciation de ses ouvrages. Campagne d'Italie de 1796 à 1797, Montenotte, Millésimo, Mondovi, Lodi, Lonato, Castiglione, Roveredo, Bassano, Arcole, Rivoli, Tagliamento ; résumé des opérations de Bonaparte en Italie, campagne de Marengo et d'Allemagne en 1800, etc.

Dutreuil de Rhins (*Elève de l'Ecole de Cavalerie de Saumur*). La Bohême militaire, ou l'avenir des sous-officiers ; in-18.
Prix . . . . 3 fr. 50
Prix de faveur pour l'armée . . . . 1 fr. 25
Franco . . . . 1 fr. 50

Faubert (*Le Général*). Poésies, suivies de notes et fragments d'un Journal de voyage. *Paris*, 1864, in-12 br. 2 fr. 50

Gabriel. Historique du 12e régiment de dragons ; in-8, *tiré à 100 exemplaires seulement*. 10 fr.

Il ne reste plus qu'une douzaine d'exempl. de cet ouvrage appelé à devenir fort rare.

Geldern (*Le Capitaine autrichien Comte de*). Les sièges de Paris et de Belfort en 1870-1871, traduit de l'allemand par le Capitaine Grillon. *Paris*, 1873, in-8, avec plans. 6 fr.

Description topographique de Belfort et de la région environnante. — Description des fortifications de Belfort, — Situation, force numérique et travaux de la défense pendant la période des préparatifs. — Détermination du point et du mode d'attaque. — Notes sur la défense. — **Siège de Paris.** Description topographique de Paris et du pays environnant. — Description des fortifications de Paris. — Discussion des propriétés du terrain des attaques au point de vue de la tactique et de la fortification. — Travaux de fortification exécutés dans la place pendant la période de préparation de la défense. — Travaux d'investissement. — Contre-approches et travaux de la défense pendant le siège. — Paris considéré comme place centrale. — Traits généraux de la défense et de l'attaque de Paris. — Organisation des batteries de siège. — Effets du tir. — Influence des événements intérieurs sur la défense de Paris.

Gérault de Langalerie (*de*), *Colonel breveté au 23e Régiment d'infanterie*. Exercices et manœuvres de nuit ; in-18, *format de poche tiré sur papier* très fort. 2 fr.

Ouvrage honoré d'une souscription du ministère de la guerre et mis à la décision dans la plupart des régiments.

Grouchy (*le Maréchal*). Du 16 au 19 juin 1815, avec documents historiques et inédits, et réfutations de M. Thiers par le Général Marquis de Grouchy ; in-12. 3 fr.

Grouchy (*le Maréchal*). Appel à l'histoire sur les faits de l'aile droite de l'armée française les 16, 17 et 18 juin 1815 d'après les autographes du Maréchal Grouchy. Broch. in-8. 3 fr.

Guerre au Sénégal (*La*). La colonne du Rip en 1887. Leçons à tirer des expéditions du passé, par un officier-général d'infanterie de marine ; le Général Corrona ; in-18, avec carte. 1 fr.

N° 6 de la bibliothèque d'art et d'histoire militaires.

Herbillon (*le Général*). Insurrection survenue dans le sud de la province de Constantine. Relation du siège de Zaatcha. *Paris*, 1863, in-8, avec 3 plans. 5 fr.

Ouvrage non mis dans le commerce.

Histoire de l'ex-corps d'Etat-Major, par un officier supérieur du corps ; gr. in-8, (publié à 7 fr. 50). *Occasion*. 3 fr. 50

Jacquelot Du Boisrouvray (*le Commandant de*). La retraite du 13e corps de Mezières à Laon effectuée les 2 et 3 septembre 1870, sous les ordres du Général Vinoy. 2e édition ; 1893, in-18 avec une carte. 2 fr.

N° 1 de la Bibliothèque d'art et d'histoire militaires. Ouvrage honoré d'une souscription du Ministère de la guerre.

Jorissen. Napoléon et le Roi de Hollande 1806-1813, d'après les documents inédits. 1868, in-8. 3 fr.

Koszarski (*Lieutenant*). Essai d'une loi sur la retraite des officiers de la réserve et de l'armée territoriale. Brochure in-18. 0 fr. 75

Koszarski (*Lieutenant*). Ecole spéciale militaire pour l'instruction des cadres inférieurs de l'armée. Projet appliqué à la loi organique du Général Boulanger. Brochure in-18. 0 fr. 75

Koszarski (*Lieutenant*). Système de Recrutement des Sous-Officiers d'infanterie, appliqué à la Loi du service militaire de trois ans. Brochure in-12 de 36 pages. 1 fr.

La Chapelle (*le Comte de*). Guerre de 1870-71. Détails et incidents recueillis sur les champs de bataille. — Journal de la guerre des opérations militaires formant la deuxième partie de la guerre en 1870, par le Comte de La Chapelle. *Londres*, 1871, 2 vol. in-12. 5 fr.

Ouvrage rédigé sous la dictée et sur les documents de l'Empereur Napoléon III.

Ledeuil-d'Enquin, (*ex-volontaire de la Défense nationale*). Guerre franco-allemande 1870-71. Les drapeaux prussiens, des 16e et 61e d'infanterie pris à Rezonville et Dijon. Documents inédits précédés d'une notice sur les trophées de guerre. Brochure in-8. 2 fr.

Ouvrage honoré d'une souscription du ministère de la guerre.

Ledeuil-d'Enquin. Le Général Bossak, tué à Dijon en 1871. *Paris*, 1893. Brochure in-8. 1 fr.

Ouvrage honoré d'une souscription du ministère de la guerre.

Le Faure (*Amédée*). Les fautes stratégiques des prussiens en 1870-1871. *Paris*, 1872, br. in-12. 1 fr.

Maire (*Capitaine du Génie*). Eléments de fortification passagère. *Paris*. 1875. 3 parties en 2 volumes in-8 avec nombreuses figures. (Publié à 8 fr.). 4 fr.

Marchal (*Gustave*). Maximes, Instructions et conseils pour la Cavalerie. *Tirés des grands généraux et des meilleurs écrivains militaires*. In-18, *format de poche tiré sur papier très fort*. 2 fr.

Ouvrage honoré d'une souscription du ministère de la guerre.

Ce petit ouvrage est le manuel indispensable de l'officier conférencier.

Marmottan (*Paul*). Le Général Fromentin et l'armée du Nord (1792-1794). Beau vol. in-8 Jésus, avec portrait et carte. 7 fr. 50

Ouvrage couronné par l'Académie, honoré de souscriptions des ministères de la guerre et de l'instruction publique. A obtenu une médaille d'or.

Massaroli (*Lieutenant-Colonel*). La défense de Longwy, devant le conseil d'enquête et l'opinion publique ; in-12. 1 fr.

Mémoires d'un vieux Pompon. Suivis des opérations militaires autour de Metz par un officier général prussien (von Hahnke). In-8. 2 fr.

Neukomm (*Edmond*). Fêtes et spectacles du vieux Paris. *Paris*, 1886, in-12. 2 fr. 50

Osman-Pacha et la Défense de Plewna. *Paris*, 1890, br. in-12. 1 fr.

N° 2. De la Bibliothèque d'art et d'histoire militaires.

Perrin (*le Colonel, Commandeur de la Légion d'Honneur*). Marche d'Annibal des Pyrénées au Pô, et description des vallées qui se rendent de la vallée du Rhône en Italie. *Paris*, 1887, gr. in-8 avec cartes. 5 fr. 50

Petit Dictionnaire pratique Français-Allemand A l'usage des soldats, des élèves des Ecoles militaires, des Officiers de toutes armes et des voyageurs. 1 vol. in-18. 1 fr.

Pierart. La grande épopée de l'an II. Souvenirs, rapprochements, rectifications et faits inédits, relatifs aux batailles de Wattignies, de Fleurus et aux passages de la Sambre. *Paris*, 1887, in-12 avec plan. 3 fr.

Pietrement. Les chevaux dans les temps préhistoriques. *Paris*, 1883, fort vol. in-8 (publié à 15 fr.) 7 fr.

Poullet (*le Colonel*). Essai sur l'armée nouvelle. *Paris*, 1872, in-8. 2 fr. 50

Pouteau. La poudre sans fumée. Poudres anciennes, poudres modernes. Poudres de guerre et poudres de chasse. *Paris*, 1893, in-8. 4 fr.

Renard (*Le major d'Etat-major*). Histoire militaire, cours abrégé de tactique générale, étude sur les origines des batailles stratégiques. 1879, gr. in-8, avec 6 planches contenant 35 fig. 5 fr.

Les batailles symétriques ; les batailles de position (Louis XIV) ; batailles de postes (Louis XIV) ; Les batailles-manœuvres (Frédéric II) ; Les batailles de marches (République) ; les batailles stratégiques (1er Empire), etc., etc.

Renard (*Capitaine*). Précis de l'histoire militaire de l'antiquité. (*Introduction au cours d'histoire militaire professé à l'Ecole de guerre de Belgique*). *Paris*, 1875, in-8, avec 5 pl. 4 fr.

Rivière (Armand). Trois mois de dictature en province. Le Gouvernement de la défense nationale à Tours. In-12. 1 fr. 50

Robaglia (*Le Capitaine*). L'Escrime et le Duel, méthode du fleuret et de l'épée. Beau vol. in-18, avec 16 planches. 3 fr. 50
— Prix de faveur pour l'armée. 2 fr.

Robaglia (*Le Capitaine*). L'Escrime ou le jeu de l'épée enseigné par l'image, à l'usage des enfants et des adolescents, sans crainte d'accidents et sans dépenses. 1893, in-18 avec 22 planches. 1 fr. 50

Ouvrage ayant obtenu une mention spéciale au Concours général des jeux scolaires en 1890.

Avant-Propos. — Mode d'exécution. — Exercices préparatoires. — Le salut des armes. Formation des parades. — Les Dames Romaines et nos Escrimeuses françaises. — Les Mignons au XIIIe siècle et les Raffinés « d'honneur » sous François Ier. — L'Escrime primitive dans l'armée et les différents accessoires pour apprendre à manier le sabre et l'épée. — Le duel des femmes en Europe. — Avis essentiels pour bien faire des armes.

Roiffé (*ancien officier*). L'obéissance passive dans l'armée. 18 brumaire, 2 décembre 1851, 20 octobre 1870 à Metz, trahison de Bazaine. In-8. 2 fr.

Rochas d'Aiglun (*Lieutenant-Colonel de*). Cris de guerre, devises, chants nationaux, chants du soldat et musiques militaires, in-8 de 60 pages avec vignettes, lettres ornées, culs-de-lampe. (*Edition de luxe*). 2 fr.

Il ne reste plus que quelques exemplaires de cette jolie édition.

Rousselin (*Alexandre*). Vie de Lazare Hoche, Général des armées de la République, commandant enchef celles de la Moselle et du Rhin, des côtes de Cherbourg, de Brest, de l'Océan, d'Irlande, Sambre-et-Meuse et du Rhin réunies. *Paris*, an VII (1800), 1 vol. in-12, avec un portrait et des cartes. 3 fr.

Roux (*Xavier*). L'invasion de la Savoie et du Dauphiné par les autrichiens en 1813 et 1814. 2 beaux volumes gr. in-8. 20 fr.

Santerre. Ordres du jour inédits de Santerre, commandant des Gardes nationales parisiennes en 1792 et 1793 ; br. gr. in-8. 1 fr.

Sarrepont (*la Major de*). Chants et chansons militaires de la France. Beau vol. in-12, avec figures en couleur. 2 fr.

Serignan (*le Capitaine de*). La phalange. Etude philologique et tactique sur les formations d'armées des Grecs dans l'antiquité, et sur leur langue militaire. 1 vol. in-8, publ. à 3 fr. 1 fr. 50

Sérignan (*le Capitaine de*). L'armée espagnole. Notes, souvenirs et impressions de voyages. 1 vol. in-8. 2 fr.

Schaller (*de*). Histoire des troupes suisses au service de la France sous le règne de Napoléon Ier. 1883. Beau vol. in-8, avec planches d'uniformes en couleur. 7 fr.

Schaller (*de*) Souvenirs d'un officier Fribourgeois, 1798-1848. *Fribourg*, 1890, in-8, avec portrait. 5 fr.

Smissen (*le Lieutenant-général Baron van Der*). Les forces nationales. *Bruxelles*, 1880. gr. in-8. 2 fr.

Staub. Historique du 1er régiment de hussards (ancien Bercheny); in-12. 10 fr.

Ouvrage devenu fort rare.

Talleyrand-Périgord (*Duc de Dino, capit. d'Etat-Major*). Souvenirs de la guerre de la Lombardie, 1848-1849 ; in-8. (Publ. à 7 fr.) 3 fr. 50

Vaucheret (*le Colonel d'artillerie*). Essai sur la tactique appliquée. Les travaux d'étude d'artillerie à l'école supérieure de guerre ; in-8, avec planches. 3 fr. 50

Vidal (*Ex-garde général des Forêts de l'Etat*). Souvenirs du vieux chasseur de Seine-et-Oise. La chasse dans les Forêts domaniales, 1789-1884. Brochure in-8 de 60 pages. 1 fr.

Grande Imprimerie du Centre, Herbin, à Montluçon.

Dernières publications de la Librairie Ed. Dubois

La Poudre sans fumée, par Pouteaux. Beau vol. in-8 . . . . 4 fr. »

Historique des Régiments de Hussards, depuis leur création jusqu'à nos jours. Beau vol. in-18 3 fr. 50

Le général Bosak, tué à Dijon en 1871, par Ledueil-d'Enquin. 1893 br. in-8. . . . . 1 fr. »

Le général baron Merle (1666-1830), notice biographique, par Auguste Braquehay. 1893, in-8, avec portrait . . . . 3 fr. »

OUVRAGES DE GUSTAVE MARCHAL

La Guerre de Crimée	vol. gr. in-8 brochés	8 fr. »
Le Drame de Metz	cartonnés, tr. dor.	12 fr. »
	reliés demi-chagrin	13 fr. »

La Patrie en Danger, 1 vol. in-8, broché 1 fr. 50

Maximes, Instructions et Conseils pour la Cavalerie, vol. in-18. . . . . 3 fr. »

OUVRAGES D'AMÉDÉE DELORME

Format in-16, à 3 fr. 50.

Journal d'un Sous-Officier. 1870, orné de 80 vignettes d'après H. Vogel, Ch. Morel et Gérardin (couronné par l'Académie française) . . . . 1 vol.

Mauroy, roman de mœurs . . . . 1 vol.

Nouvelles militaires, avec couvert. en coul. 1 vol.

Montluçon. — Imprimerie Herbin.

www.ingramcontent.com/pod-product-compliance
Ingram Content Group UK Ltd.
Pitfield, Milton Keynes, MK11 3LW, UK
UKHW020334230726
13925UKWH00002B/793